Técnicas de trabajo en grupo

Una alternativa en educación

PATRICIO FUENTES **AMALIA AYALA**
JOSÉ IGNACIO GALÁN **PILAR MARTÍNEZ**

Técnicas de trabajo en grupo

Una alternativa en educación

EDICIONES PIRÁMIDE

COLECCIÓN «OJOS SOLARES»
Sección: Desarrollo

Director:
Francisco Xavier Méndez
Catedrático de Tratamiento Psicológico Infantil
de la Universidad de Murcia

Diseño de cubierta: C. Carabina

© Patricio Fuentes, Amalia Ayala,
   José Ignacio Galán y Pilar Martínez
© Ediciones Pirámide (Grupo Anaya, S. A.), 2000, 2002, 2004, 2005
Juan Ignacio Luca de Tena, 15. 28027 Madrid
Teléfono: 91 393 89 89
www.edicionespiramide.es
Depósito legal: M. 4.350-2005
ISBN: 84-368-1440-I
Printed in Spain
Impreso en Lerko Print, S. A.
Paseo de la Castellana, 121. 28046 Madrid

ÍNDICE

PRÓLOGO

El dilema individuo-sociedad es una polémica recurrente de la historia de la humanidad. Políticos, ideólogos, filósofos, pedagogos, sociólogos, cada persona se sitúa más cerca de un polo. Las democracias occidentales resaltan la libertad y los derechos individuales. El colectivismo pierde peso. Los condicionantes urbanos, tamaño reducido de la vivienda, exigencias laborales imperiosas, ritmo de vida acelerado, etc., han ido diluyendo la antigua familia extensa, integrada por varias generaciones, en pequeñas unidades nucleares compuestas por padres e hijos. La familia numerosa es una especie condenada a la extinción y en su lugar emerge la familia del hijo único, en ocasiones, monoparental.

Los americanos marcan la pauta en numerosos campos, también en psicología. Mis lecturas de estudiante recomendaban combatir el estrés tejiendo redes de apoyo social. Atónito comprobé verdades elementales vendiéndose como descubrimientos de sesudos expertos, aconsejando a las familias estrechar lazos, reunirse con asiduidad. Años más tarde viajé a Estados Unidos. Mis colegas exaltaban las excelencias del *American way of life*. El regalo del decimoctavo cumpleaños es la emancipación. Una de las conquistas de la mayoría de edad, junto al voto y al carné de conducir, es la independencia juvenil. Al muchacho se le anima a abandonar el nido familiar y a forjarse su futuro, siguiendo los pasos de sus intrépidos antepasados, forjadores de la gran nación norteamericana. La familia no vuelve a reunirse más que una o dos veces al año, en fechas muy señaladas como el día de Acción de Gracias. Esta medida beneficia a todos. El hijo, impelido a labrarse su propio camino, madura, adquiere autonomía, gana responsabilidad. Los padres recuperan su estilo de vida, constreñido temporalmente por la crianza y educación de la prole.

Semejante panegírico dibujaba una sonrisa inevitable en mis labios. Recordaba a aquel compañero, profesor de mi universidad, exponiéndome sus cuitas en una cena de fin de curso. Me contó acongojado que su primogénito, a la sazón un adolescente de dieciséis años en desazón, noches atrás, con recio golpe de puerta, amenazó marcharse de casa *cualquier* día, utilizando deliberadamente el pronombre indeterminado. Década y pico después del portazo ambos reíamos al rememorar la nube de oscura zozobra desencadenada por el tormentoso incidente. El chico había terminado la licenciatura, la prestación social sustitutoria, un máster y los ahorros familiares, pero ni atisbo de la menor intención de hacer las maletas y fundar un nuevo hogar, a pesar de la insistencia de sus progenitores.

Nuestro país se ha liberado del rígido corsé de la familia tradicional que decidía si el niño estudiaría en un seminario, en una academia militar, la misma carrera que su padre, como adelanto de la herencia, o si se casaría con la hija del boticario. Sin embargo, hemos de prevenir la torpeza de renunciar a los aspectos positivos de nuestra idiosincrasia sociocultural y copiar al pie de la letra modas de la otra orilla atlántica norte. No se trata de chovinismo barato, tortilla de patatas frente a hamburguesa, paella contra perritos calientes. Son hechos contrastados. La dieta mediterránea es más saludable que la comida rápida, la siesta, denostado símbolo de pereza nacional, proporciona calidad de vida, las relaciones familiares satisfactorias contribuyen al bienestar de sus miembros. Los amigos americanos que me devolvieron la visita reconocían «les envidio, ustedes saben vivir». Por alguna razón somos el segundo país del mundo que goza de mayor esperanza de vida.

Una de las definiciones más conocidas del género humano establece que el hombre es un ser social. Desde mi estancia en América abrigo la duda de si el debilitamiento de grupos naturales (familia, vecindario, etc.) propicia el surgimiento de otros artificiales (grupos de autoayuda, sectas, etc.). Los psicólogos advierten que la soledad, la marginación, el rechazo social son la antesala de múltiples trastornos, depresión, delincuencia, etc. Emular a Robinson Crusoe es realmente duro. Los demás son necesarios; sí, pero ¿las elecciones las gana el líder carismático o la maquinaria del partido?, ¿el equipo juega para el figura o la estrella se sacrifica al sistema del bloque?, ¿el conocimiento avanza por la genialidad de científicos eminentes o por el esfuerzo acumulado de investigadores anónimos? El problema planteado en estos términos es irresoluble. La culpa es de una conjunción. La disyuntiva *individuo o sociedad* es incorrecta, lo acertado es el enunciado *individuo y sociedad*.

Este libro es una magnífica herramienta para armonizar el binomio individuo-sociedad y lograr que se complementen mutuamente en vez de contraponerse estérilmente. Alerta del peligro que supone el abuso de las modernas tecnologías, que limitan seriamente el contacto directo entre las personas. Es posible que constituya un ahorro de tiempo y dinero leer periódicos digitales, realizar trabajos administrativos, comprar bienes de consumo, etc., a través de un ordenador conectado a una red informática sin salir del domicilio. Pero se pierden pequeños placeres como discutir el penalti injusto del Madrid-Barça con el kiosquero de la esquina, saborear un café con los compañeros de oficina o escuchar con embeleso las sugerencias del dependiente sobre un rioja añejo recién recibido en la bodega.

La obra postula el trabajo en grupo como alternativa educativa al individualismo y a la despersonalización impuestos por la globalización económica y tecnológica. Expone las características, clasificación, funcionamiento, estructura y evolución de los grupos, con especial atención a las agrupaciones en el marco escolar. Posee un marcado carácter práctico, ya que más de la mitad del texto son aplicaciones prácticas del trabajo en grupo, dirigidas tanto a promover y mejorar las relaciones interpersonales como a facilitar el aprendizaje escolar.

Deseo agradecer a los autores, amigos y compañeros de la Universidad de Murcia, su excelente monografía, producto de un fructífero trabajo en grupo, y augurarles idéntico éxito a la publicada con anterioridad en la colección «Ojos Solares» [1].

Francisco Xavier Méndez
Profesor titular de Psicología
de la Universidad de Murcia

---

[1] Fuentes, P., Ayala, A., Arce, J. F. de y Galán, J. I., *Técnicas de trabajo individual y de grupo en el aula: De la teoría a la práctica*. Madrid: Pirámide, 1.ª ed. 1997, 2.ª ed. 1998.

1
Un punto de partida: la reflexión social como marco de las técnicas alternativas de trabajo en grupo

1.1. Breve introducción

Una situación peculiar y hasta ahora desconocida por la vertiginosidad de sus cambios es el contexto social en el que se enmarca este trabajo que presentamos. No hemos querido, por ello, sustraernos a aportar unas primeras reflexiones provenientes de un ámbito más amplio al nuestro pedagógico, el de las Ciencias Sociales; reflexiones que nos doten del marco contextual en el que adquiere sentido la propuesta de técnicas alternativas de trabajo en grupo objeto de estas líneas.

Y es que la situación educativa en nuestro contexto occidental no se sustrae a las influencias que se dejan sentir en el ámbito más amplio de lo social. Muestra de ello es la paulatina introducción de las múltiples y diversas tecnologías audiovisuales e informáticas, también en el ámbito educativo, y la modificación que ellas comportan en lo que se refiere a la limitación en la necesidad del establecimiento de relaciones interpersonales para el acceso a determinados conocimientos. Las repercusiones y razón de ser de estos y otros muchos elementos que, paulatinamente, complejizan nuestros ámbitos educativos no permite obviar las múltiples reflexiones que insertan estos procesos en el marco de fenómenos más amplios caracterizados por la extensión generalizada de lo que se ha dado en llamar la *globalización*. Numerosos son los autores que, desde el ámbito educativo, insisten en las implicaciones de este fenómeno en los procesos de enseñanza-aprendizaje (Rodwell, 1998; Ball, 1998; Levin, 1998; Jones, 1998; Welch, 1998; Muller, 1998; Olssen, 1998; González, 1999; etc.).

Históricamente, los análisis parecen coincidir en la ubicación temporal de su extensión a partir de lo que supuso la caída del Muro de Berlín y la definitiva hegemonía del llamado bloque capitalista frente al que, durante décadas, fue su contrario, el comunista.

La extensión de este modelo de funcionamiento de las sociedades, el de la globalización, tiene importantes repercusiones en todos sus ámbitos. Algunos autores hacen especial hincapié en el hecho de que la primacía de este nuevo y único modelo supone, en cierto sentido, la supeditación de los intereses que en otro tiempo fueron considerados prioritarios (políticos, sociales, culturales...) a los estrictamente económicos (Petrella, 1997). Y todo ello en el marco forjado de las macroeconomías que relativizan aún más, si cabe, el papel soberano de las naciones individualmente consideradas incluso en la determinación de sus propios sistemas organizativos. Los sistemas organizativos de los distintos países quedan, así, relegados en pro de las grandes cuestiones del capital que son las que, en última instancia, determinan la orientación del resto de políticas adjetivadas y, entre ellas, las culturales y educativas.

Las repercusiones de esta nueva extendida concepción del mundo y de la primacía concedida al elemento económico comienzan a constituirse en un lenguaje internacional que no sólo va a influir en las relaciones y acuerdos entre países, sino también, y obviamente, en todos y cada uno de los distintos subsistemas sociales. La educación no es una excepción.

El debate continúa e incluso se reactiva en esta última época (Morin y Naïr, 1997; Bourdieu, 1998...) y así, mientras que, desde determinados ámbitos, se insiste sobre la legitimidad en la extensión de un modelo de globalización, desde otros se señala el carácter parcial y las posibles consecuencias perniciosas de la extensión de un modelo único.

Lejos de este sempiterno debate entre las perspectivas del liberalismo clásico y del comunitarismo, aunque no ajenos a él, creemos que, quizá, desde nuestro ámbito pedagógico de actuación, sea necesaria la reflexión sobre aquellas consecuencias que de esta situación se desprenden y que afectan de forma variada al ámbito de los procesos de enseñanza-aprendizaje.

1.2. Algunas repercusiones de la globalización en el ámbito educativo

Es posible detectar, al menos, tres grandes tendencias en materia educativa como características de este fin de siglo y relacionadas de uno u otro modo al fenómeno de la globalización. Nos referimos a las *tendencias a la eficiencia, la calidad* y *la internacionalización* que conforman, en parte, el panorama educativo actual y cuyo análisis debiera ser tenido en cuenta como modulador que es, en la práctica, de las actuaciones educativas en nuestro contexto (González Hernández, 1999).

Tras la Segunda Guerra Mundial y como consecuencia de un paisaje geográfico y humano devastado por la barbarie, poco a poco los países afectados parecieron convencidos de la necesidad de evitar conflictos de tal calibre que tuvieran como último resultado la destrucción masiva. Para ello fueron consideradas prioritarias, en el ámbito político, tanto la creación de alianzas internacionales que se dotaran de algunas declaraciones de principios a respetar *«universalmente»*, como la articulación de políticas específicas que, desde los distintos ámbitos nacionales, contribuyeran a potenciar la pretendida convivencia y el respeto a esos principios.

Se trataba del intento común de construcción de una nueva sociedad que no olvidara las consecuencias de un enfrentamiento mundial y que fuera capaz de articular las medidas necesarias para promover una sociedad de convivencia y tolerancia entre pueblos.

Fruto también de este siglo XX fue la paulatina democratización de la enseñanza y la extensión generalizada de la oferta educativa en nuestro contexto occidental. Se produce así la legitimación de lo que ha sido considerado, desde ámbitos jurídicos, como la tercera generación de derechos, los sociales y culturales, entre los que se encontraban los educativos. Paralelamente, una etapa de verdadero optimismo pedagógico insiste sobre el importante papel que la educación puede tener en el desarrollo de los pueblos y en sus posibilidades de convivencia armoniosa.

Comienza a insistirse, también desde los ámbitos pedagógicos, en la necesidad de transmisión de los principios democráticos en los que se fundamentan nuestros estados de derecho occidentales y así, poco a poco, las prácticas educativas y escolares diarias cuentan, entre sus objetivos de partida, con contenidos, estrategias y metodologías impregnadas de ese espíritu democrático que se pretende transmitir. De este modo, en los países desarrollados en los que la extensión de la oferta educativa era ya un hecho, las tendencias políticas y sociales dejaron paso a la insistencia sobre las cuestiones referidas a la *calidad educativa* y a la eficiencia de los procesos de enseñanza-aprendizaje, todo ello en el marco de esa línea de analizar y optimizar la educación que se ofertaba.

En este marco, una tendencia generalizada en materia educativa a partir de los ochenta ha sido, sin duda, la de las llamadas a los *principios de eficiencia* y la insistencia sobre la necesidad de control de la calidad educativa en nuestros contextos occidentales (Doherty, 1997; Levin, 1998...).

Cuando aquel gran reto de extensión y generalización de la oferta educativa era ya un hecho, garantizado no sólo por los textos políticos y constitucionales, sino también por la práctica real de la gran mayoría de países desarrollados, parecía lógica la preocupación por garantizar la calidad de la oferta educativa y, en ese sentido, se fueron configurando planes de actuación, reformas educativas, disposiciones presupuestarias y formativas,... cuyo objeto último era intentar ofertar una educación que realmente se adaptara a la situación a la que iba destinada o, en otras palabras, para la que pretendía ser útil.

Las tendencias hacia la calidad educativa y búsqueda de eficiencia comportaron la orientación de muchas investigaciones hacia el análisis de los distintos elementos del proceso educativo, la detección de problemas, la introducción de técnicas y metodologías destinadas a paliar de algún modo los problemas que se detectaban en la sociedad y al refuerzo de las actitudes y comportamientos acordes a los sistemas democráticos establecidos.

Sin embargo, cuando calidad y eficiencia comenzaron a relacionarse, en una acepción eminentemente económica, con la rentabilidad —como si de productos comerciales se tratara—, la situación derivó —según señalan numerosos analistas— hacia un concepto restrictivo de calidad y especialmente de eficiencia; y, así, se llegó al punto de que las políticas marcadas en su día por la generalización y extensión de la oferta educativa fueron reemplazadas por políticas que, en pro de esa supuesta calidad, supeditaron las posibilidades de desarrollo del sector educativo a las conveniencias del mercado (Muñoz de Bustillo, 1993).

Los primeros pasos en la extensión de un modelo económico único apoyado en las mencionadas políticas neoliberales están teniendo su influencia en las políticas más específicas y es a esta situación a la que se refiere Welch (1998: 159) cuando señala: «...*una simple correlación entre eficiencia y pri-*

vatización puede darse en el corazón de los tan nombrados movimientos de eficiencia, los cuales, bajo la apariencia de la búsqueda de la misma, están interesados actualmente en conseguir una forma de economizar que bien podría tener el efecto de una reducción de la calidad (en educación), más que de su incremento» [1]. Esta situación sobre las que nos alertan numerosos autores contemporáneos comienza a suponer una recuperación de las actitudes y comportamientos competitivos e individualistas en detrimento de los más genuinamente sociales que les precedieron hasta hace muy poco tiempo y que, aún, están presentes en nuestras legislaciones educativas.

La tercera tendencia a la que hemos hecho referencia, la de la internacionalización, ha sido trabajada especialmente desde los foros de educación comparada y es, desde este ámbito, desde el que no faltan las reflexiones sobre los cada vez más frecuentes fenómenos de internacionalización y *trasplante* de las prácticas educativas.

Sin duda que la situación histórica a la que hemos hecho referencia de fin de la Segunda Guerra Mundial sentó las bases de unas pretensiones comunes en lo que a valores a transmitir se refería, pero va a ser a raíz de este nuevo fenómeno de la globalización cuando la internacionalización de muy diversas prácticas sociales alcance un periodo de auge inusitado. La extensión de los medios de comunicación es el arma más poderosa con la que ha contado este, parece legitimado, fenómeno o *tendencia a la uniformización* que acompaña a esta internacionalización que es el que señala Levin (1998: 133): «*Cuando uno se encuentra con un país*

---

[1] Traducción libre del original en inglés: «*... a simple correlation between efficiency and privatisation can occur at the core of so-called efficiency movements, which under the guise of efficiency are actually interested in pursuing a form of economism, which may well have the effect of reducing quality (in education), rather than enhancing it*» (Welch, 1998: 159).

pequeño —apunta agudamente este autor— densamente poblado, monolingüístico y con un gobierno centralista, como es el caso de Inglaterra, adoptando las mismas reformas que un país grande, escasamente poblado, multilingüístico y descentralizado, como el caso de Canadá, difícilmente se puede eludir la conclusión de que ambos "bailan al mismo compás" o, para darle otro sentido, aprenden uno de otro» [2].

Y esta uniformización no se reduce a países con equiparable nivel de vida, sino que parece que son las grandes naciones, económicamente hablando, las que detentan la potestad de indicar los requisitos mínimos, también en el ámbito cultural-educativo, de las condiciones y derechos mínimos que han de ser contemplados por cada sistema nacional.

Así, nos encontramos con una situación a nivel mundial en la que los niveles de logro educativo distan mucho de ser equiparables entre los países más y menos desarrollados (UNESCO, 1998), pero lo que sí parece común es la existencia de un modelo educativo a seguir en el que los elementos a considerar son los mismos: los criterios de calidad se equiparan tanto como las consideraciones acerca de los niveles educativos, la amplitud de la oferta educativa, la formación del profesorado, la ratio discentes-docentes, los presupuestos destinados a educación, y un largo etcétera que configura el modelo educativo internacional por excelencia.

Es en este sentido en el que se orientan los criterios uniformados en los informes mundiales que sobre la educación se emiten desde organismos internacionales de forma que, para contextos tan diferentes, como, por ejemplo, América

---

[2] Traducción libre del inglés: «*When one finds a small, densely populated, unilingual and centrally governed country such as Britain adopting the same reforms as a large, sparsely populated, multilingual and decentralized country such as Canada, one can hardly avoid the conclusion that they are singing from the same hymnsheet or, to put it another way, learning from each other*» (Levin, 1998: 133).

Latina y Europa, las pretensiones parecen coincidir. Y es que no podemos dejar de señalar que, en estas cuestiones, no sólo son considerados los aspectos eminentemente pedagógicos, sino que existen considerandos de corte económico que supeditan la obtención de determinadas ayudas de los fondos internacionales a la asunción del modelo propuesto.

Esta uniformización, que los primeros medios de comunicación de masas han contribuido a forjar, se ve reforzada con la paulatina, creciente y casi vertiginosa introducción de las nuevas tecnologías en nuestros contextos diarios y comienza a caminar, al menos en cierto sentido, hacia aquella aldea global a la que se refiriera McLuhan. Es lo que Ramonet (1996: 8) identifica con el reemplazo del paradigma del progreso por el de la comunicación: *«Existe una tendencia a reemplazar, poco a poco, la función de uno de los mayores paradigmas de los dos últimos siglos: el progreso. Desde la escuela hasta la empresa, desde el Gobierno hasta la justicia, en todos los ámbitos y para todas las instituciones, de ahora en adelante, hay una sola consigna: se debe comunicar»* [3].

1.3. La tendencia ecológica y el papel de las técnicas alternativas de trabajo en grupo

A pesar de esta situación, cuyas consecuencias tampoco pueden ser minusvaloradas, nos resistimos a un análisis esencialmente pesimista en lo que se refiere a la actuación pedagógica que puede requerir el actual estado de la sociedad. De fondo, no podemos menos que compartir la preocu-

---

[3] Traducción libre del original en francés: «*Celle-ci a tendance à remplacer, peu à peu, la fonction d'un des paradigmes majeurs des deux derniers siècles: le progrès. De l'école à l'entreprise, du gouvernement à la justice, dans tous les domaines et pour toutes les institutions, un seul mot d'ordre désormais: il faut communiquer*» (Ramonet, 1996: 8).

pación de determinados analistas sociales referida a insistir sobre el hecho de que la calidad no debe suponer la restricción de la oferta educativa ni la pérdida de su carácter social que tantos siglos costó convertir en una afortunada realidad para nuestros contextos. La supeditación de los intereses sociales a los económicos sólo puede suponer un paso atrás en la consecución de una sociedad armónica capaz de garantizar el bienestar de sus diferentes miembros.

Tampoco podemos renunciar, cuando en la base está una determinada concepción pedagógica, a ser conscientes, al menos, de la limitación que supone este intento de uniformización de lo considerado adecuado en materia educativa. Tal criterio sólo puede venir determinado por la propia voluntad de sus receptores y por la situación y necesidades reales del contexto al que va destinada. Ése y no otro es el, por otra parte tan enarbolado, fundamento democrático de la educación a la que aspiramos.

Y la práctica demuestra la inutilidad, por ilegítimo, del compromiso escrito de determinados países de cumplir y hacer cumplir una serie de medidas que no se adaptan a su peculiar situación, sino a aquello que los países más poderosos consideran adecuado. La consecución de estos grandes logros de la humanidad, si realmente el objetivo es la construcción de una comunidad internacional, pasa por la propia autodeterminación de los pueblos y por verdaderas medidas políticas que cuestionen y modifiquen la actual distribución de riqueza. Lo contrario responde, única y exclusivamente, a la necesidad de los más poderosos —entre los que nos encontramos— de darse buena conciencia.

Sin embargo, parece que, afortunadamente, a pesar de estas tendencias políticas y sociales que van configurando lo que será el panorama educativo del futuro, en los marcos legales de nuestras sociedades persisten las normas y medidas relativas a garantizar un determinado tipo de educación que puede ser empleado tanto para intentar sacar partido a la nueva situación, como para no permitir la extensión de algunas de las actitudes que la acompañan.

1.3.1. La cultura global en el ámbito educativo

Hemos señalado el papel crucial que las nuevas tecnologías y medios audiovisuales han jugado en la extensión del proceso de globalización. En el ámbito educativo el panorama queda caracterizado por el acceso indiscriminado de nuestras nuevas generaciones a unos medios audiovisuales que modifican sustancialmente el proceso de adquisición de información y también el tipo de información al que las mismas acceden.

Estos medios, fruto del progreso tecnológico y extendidos en pro de la eficiencia y calidad educativa, no escapan tampoco al señalado proceso de uniformización de las nuevas generaciones. Pero, tampoco sería realista reducir nuestro análisis a algunos de sus peligros; también existen, obviamente, positivas y enriquecedoras potencialidades que son las que, desde una perspectiva optimista, como debe ser cualquiera que se denomine educativa, podemos intentar potenciar.

Esta circulación internacional de información entraña numerosas consecuencias positivas como las que se derivan de su accesibilidad. Hoy en día resulta relativamente sencillo tener noticias de otros lugares y culturas, de otras formas de vida, de los avances científicos mundiales... Los medios de comunicación de masas han permitido cierta democratización en el acceso a una información que, antaño, quedaba vedada a determinados sectores poblacionales.

Por un lado, afrontamos una nueva situación que convierte en cercanas las mismas noticias, imágenes, modas, bebidas... para contextos bien diferenciados en otras épocas. Es la misma información y el mismo mensaje subyacente el que reciben italianos y españoles, franceses y finlandeses...; los mismos anuncios y series, la conversión en normal y lógica de las mismas situaciones y tipos de actuación, y este hecho tendrá el valor indudable de acercar a unas poblaciones, fundamentalmente constituidas por las nuevas generaciones, que pueden no sentirse extrañas y que incluso pueden llegar a identificarse con los gustos y formas de actuación de pueblos distintos. Un primer paso, también uniformador, que evita el injustificado recelo al que nos suele conducir la observación de costumbres diferentes.

Un mismo lenguaje audiovisual en el que la televisión es parte esencial de la rutina diaria y de la constante transmisión de un determinado tipo de mensajes y de formas de pensamiento, actuación y reacción. Por otra parte, la paulatina introducción de la informática como herramienta esencial en los sistemas educativos desarrollados y, de forma especial, el acceso y uso generalizado de nuevas tecnologías como Internet aumenta las posibilidades de acceso a unas experiencias comunes de carácter cultural y científico, entre otros.

Poco a poco, forma parte de la cotidianidad escolar la búsqueda de la información necesaria en los distintos servidores de la red y la familiaridad de los escolares con las alternativas formativas y de ocio que la misma ofrece.

Por otra parte, no sólo estos medios audiovisuales e informáticos contribuyen a forjar una cultura global e internacional en las nuevas generaciones, sino que nuevas tendencias como la promoción generalizada de salidas al exterior e intercambios educativos enriquecen, paulatinamente, la formación a la que tienen acceso estas nuevas generaciones. Los programas de intercambio, que comenzaron siendo una excepción reservada a sectores poblacionales con un determinado poder adquisitivo han ido generalizándose hasta convertirse en monedas de uso corriente en los niveles universitarios y de educación secundaria.

Las potencialidades de esta nueva situación son inmensas y su uso racional y planificado forma parte de algunas de las también nuevas responsabilidades a asumir por los docentes.

1.3.2. Combatir el individualismo en la futura sociedad ecológica

Cuando hablamos de sociedad ecológica nos estamos resistiendo a asumir como algo inmutable lo que están siendo las perniciosas consecuencias de la globalización. Algunos autores como Maffesoli (1997) arrojan una luz de esperanza a la situación actual cuando identifican algunas actitudes sectoriales, como la preocupación por el medio ambiente, con el resurgir de una nueva conciencia social que pospone las cuestiones meramente económicas en pro de lo que son intereses genuinamente humanos.

Según el citado autor, las tendencias sociales terminarán por orientarse a la búsqueda de un equilibrio no sólo entre el hombre y el medio ambiente natural, sino también entre los hombres y su ambiente social, siempre y cuando el individualismo dominante no termine por ahogar este equilibrio.

Para esta visión la esperanza reside, precisamente, en aquellos que, a pesar del *«bombardeo»* mediático y la extensión generalizada de una serie de actitudes vitales y sociales, cuestionan la actual situación social y enarbolan la bandera de los intereses de la humanidad, asumiendo en sus propuestas las graves consecuencias económicas y limitaciones que sus reivindicaciones implican para los países más desarrollados del mundo.

La presión social de estos pocos recoge lentamente algunos frutos que se materializan en legislaciones y normativas. Pero es también desde estos foros desde los que se insiste en que a la presión social, y para que ésta sea efectiva, debe unirse la concienciación y el desarrollo de actitudes cooperativas y sociales en las nuevas generaciones que serán, en última instancia, las responsables de conseguir modificar el hecho de la primacía absoluta de los intereses económicos sobre los sociales y de supervivencia.

Y es que, en nuestro ámbito educativo, todas estas potencialidades de movilidad y acceso a la información, a las que hemos hecho referencia, incluyen un aspecto que, al menos desde el punto de vista educativo, ha de ser tenido en cuenta, y no es otro que el del trabajo individual que requiere este tipo de actividad.

Los medios, audiovisuales e informáticos, no requieren necesariamente la presencia del otro ni el desarrollo de habilidades sociales. La mediación de «*la máquina*», entendida en sentido genérico, puede mermar las oportunidades e incluso la sensación de necesidad de establecer contacto con otros y existe, por ello, el peligro de que la pretendida sociedad global a la que se aspira quede limitada a un gran conjunto de «*individualidades*» incapaz de profundizar más allá de la pseudoautonomía que les proporcionan los medios informáticos o de las relaciones definitivamente mediatizadas.

A la base, el objetivo, no neutro, de conversión de lo social en masa receptora de un inteligente mercado del bienestar que atenta, como la misma globalización, contra un sistema social de participación que es el que legitiman nuestras democracias.

Paralelamente, y como consecuencia de la extensión de todos estos medios audiovisuales e informáticos señalados y de la potenciación de la actividad individual que llevan aparejada, el tiempo de relación con los pares queda reducido.

Si a esta situación le unimos la evolución de las familias hacia una reducción numérica de sus miembros en nuestros contextos e, incluso, hacia la ya normalizada situación de familias monoparentales con hijos únicos, las posibilidades de relación de sus miembros más jóvenes aparecen significativamente mermadas.

Comienza a aparecer una serie de síndromes fruto del uso y acceso indiscriminado a estos medios que se ven potenciados por la facilidad de su utilización y por la falsa percepción de que el usuario, cuando es menor, realiza una actividad controlada e inofensiva. Poco a poco, este tipo de actividad resta protagonismo a otras que durante mucho tiempo han sido consideradas básicas para el desarrollo integral de la persona (los juegos, los deportes...).

Así, la relación con los demás, que en épocas anteriores era parte esencial de cualquier actividad de la persona en desarrollo, pues era ineludible e incluso reforzada en los ámbitos familiares, del grupo de amigos, escolares... se está viendo deteriorada por el protagonismo creciente de estos medios y, precisamente, en el momento en el que sería más necesaria la relación con los otros para paliar los efectos individualistas que dichos medios transmiten y refuerzan.

El futuro que parece dibujarse de lo hasta aquí expuesto pasa por el entendimiento común de las cada vez más cercanas distintas sociedades en pro de los grandes intereses de la humanidad. Para ello es necesaria la capacidad de establecer relaciones con los otros y de trabajar en grupo. En este punto, la insistencia, desde ámbitos escolares y más ampliamente pedagógicos, sobre la utilización de las técnicas de trabajo grupal supone un ejercicio que, en la situación actual, alcanza su más alto significado y legitimación. Y es que, si tradicionalmente los fundamentos pedagógicos de cualquier actividad educativa han recalcado la utilidad y conveniencia del uso de técnicas de trabajo en grupo, en un momento como el actual, esa utilidad es, más que nunca, necesidad.

Resumen

La reflexión social constituye nuestro punto de partida en el intento de comprensión de la situación educativa que, en nuestro contexto occidental, se ha visto inmersa en un proceso de cambio caracterizado, entre otras cosas, por la paulatina introducción de las múltiples y diversas tecnologías audiovisuales e informáticas y la modificación que las mismas comportan en lo que se refiere a la limitación en la necesidad del establecimiento de relaciones interpersonales para el acceso a determinados conocimientos. Las repercusiones y razón de ser de estos y otros muchos elementos que, paulatinamente, complejizan nuestros ámbitos educativos no permite obviar las múltiples reflexiones que insertan estos procesos en el marco de fenómenos más amplios caracterizados por la extensión generalizada de lo que se ha dado en llamar la *globalización*.

La mediación de las nuevas tecnologías puede mermar las oportunidades e incluso la sensación de necesidad de establecer contacto con otros y existe, por ello, el peligro de una situación caracterizada por la coexistencia de un gran conjunto de *«individualidades»* incapaz de profundizar más allá de la pseudoautonomía que les proporcionan los medios informáticos o de las relaciones definitivamente mediatizadas. Ante esta situación, el trabajo en grupo se erige en medio capaz de paliar las consecuencias de estos procesos y contribuir a la conformación de una pretendida sociedad global.

2

Alternativa de enseñanza en pro de un aprendizaje experiencial

2.1. Introducción: del grupo al trabajo en grupo

En todo texto de este tipo se hace necesaria una aproximación a los conceptos propios de la dinámica de grupos y en éste, en particular, una matización de los mismos asociados a los de la enseñanza. El motivo de este capítulo no es el de ahondar en la teoría de los grupos, ni entrar en cuestionamientos de la entidad grupal o su etiología. Para este segundo momento, nuestra pretensión es la de precisar la terminología básica, soporte de todo el desarrollo de este texto, e incardinar sus realizaciones prácticas en la realidad socioeducativa, proyectando las posibilidades de las técnicas de trabajo en grupo en los campos de acción educativa y afianzando esta propuesta metodológica como una alternativa más que suficiente para el desarrollo de los ideales educativos propuestos por el nuevo sistema educativo.

Ante todo, queremos insistir en la especificidad de la dinámica de grupos como concepto que es la que bien señala Luft: *«suele aplicarse la expresión «dinámica de grupo» al estudio de los individuos en interacción en el seno de grupos pequeños»* (1992:17). De este modo, parece claro que nos estamos refiriendo al campo de análisis de los grupos, su movimiento, evolución, etc., en definitiva, todo aquel conocimiento que nos sirve como referente teórico a la hora de enmarcar lo que sucede en la realidad cotidiana de las agrupaciones y, por ello, elemento fundamental para la interpretación de lo que acontece en el grupo en todo momento y tan antiguo como la primera forma de asociación.

De otro lado, encontramos el término «*trabajo en grupo*» que, por compartir con el anterior el complemento grupal, se presta, en ocasiones, a la confusión, cuando su especificidad le viene realmente en tanto que aplicación fundamental de las dinámicas de grupo.

Cualquier intento de definición de lo que sea un grupo se encuentra con la dificultad añadida de la existencia de todo un elenco de conceptos limítrofes en los que caben elementos tan variados como las conductas humanas y animales, las características propias de los hombres, los animales y las cosas, formas de agrupación materializadas en aulas, una manada de leones o el grupo 2B de los elementos de la Tabla periódica. Así pues, nos encontramos ante un término polivalente con variados niveles de complejidad, de los que los más «elevados» se concretan en la asociación humana que es la que pretendemos caracterizar en estas líneas.

En el intento de clarificación conceptual iniciado, nuestro punto de partida será reconocer la existencia de una asociación de varios elementos con una o varias características comunes a la base de cualquier definición de grupo; como apunta Ferrater Mora (1980: 1398): «*La noción de grupo puede referirse a muy diversos modos de enlazar realidades: series, clases naturales, estructuras funcionales, secuencias causales, secuencias significativas, estructuras paradigmáticas. Un grupo consiste en un conjunto de componentes del grupo enlazados por leyes o principios efectivos*».

Siguiendo nuestro particular proceso de concreción, un segundo elemento a destacar reside en la existencia de una actividad intencional orientada al logro de una finalidad prefijada; intencionalidad que relega las características externas a un segundo plano y excluyendo, así, a los organismos inertes de este segundo nivel de definición del grupo.

Pero, con esta delimitación, no sólo hemos eliminado las cosas, sino también a todas aquellas agrupaciones que se constituyen sin una intencionalidad común; de quedarnos en este nivel, correríamos el riesgo de atribuir características propias de los grupos humanos a una manada de leones que se agrupa para cazar a un búfalo y articula sus fuerzas para someter a la presa.

Un tercer elemento a destacar consiste en la planificación, el aplazamiento de la gratificación..., en una palabra: *«la cultura»*, elemento éste que, definitivamente, nos remite al grupo humano y lo diferencia del elenco de grupos que escapan a esta característica.

Así, nos encontramos frente a una concepción de grupo que, a la composición por más de dos miembros con alguna característica en común, une el objetivo de alcanzar alguna finalidad, para la que pone en marcha una actividad planificada, sustentada en los pilares de una cultura común al grupo que no escapa a la influencia de la sociedad en la que el mismo se inserta.

Partiendo de este intento de delimitación del grupo, ceñido a asociaciones humanas, debemos precisar que la actividad propia que desempeñan los grupos se convierte en sinónimo de trabajo, puesto que, de la mencionada asociación, los miembros extraerán un provecho, pero, para ello, requieren de una planificación, organización, priorización y coordinación de actividades, de toma de decisiones, etc.; procesos que, en definitiva, sientan las bases que rigen o son propias a la actividad laboral.

Así, llegamos a la conclusión de que el trabajo es algo inherente al grupo, hasta el punto de que su ausencia puede provocar la carencia de este último. De este modo, no podemos caer en considerar el trabajo en grupo como una característica grupal; y, de ser así, caeríamos en una redundancia, puesto que en el término *«grupo»* se incluye el trabajo como base de aquél. Por ello, cuando hablamos de trabajo en grupo nos referimos a una tipología laboral, aplicable a los grupos humanos que, compartiendo unas características comunes, un espacio, una situación, etc., se unen para alcanzar una meta que puede surgir desde el propio grupo, lo que da lugar a su constitución real, o, por el contrario, puede ser impuesta desde una instancia externa al propio grupo, dando lugar a asociaciones de tipo más amplio, más centradas en las metas que en los integrantes. El que la finalidad sea intrínseca o extrínseca tan sólo influirá en la estructuración y organización del grupo, lo que no exime de que, independientemente de la misma, se haga referencia a los mismos tipos en ambos casos (Shaw, 1989).

Uno de estos grupos es el sistema escolar que, con el objetivo último global de la educación, se articula como un grupo de personas que, en un ámbito y situación determinados, persiguen la misma finalidad y desarrollan su trabajo, que servirá de base para la realización de otros; pero, a pesar de ello, es más propio hablar de organización para referirnos al sistema escolar acotando toda la entidad del término *«grupo»* al aula, como unidad mínima de la organización. En efecto, cada aula forma un grupo, particular y propio, aunando a un conjunto de alumnos con características evolutivas, sociales, actitudinales, comportamentales, etc., similares, alrededor de una figura central que mediatizará sus experiencias en el contexto escolar y del cual dependerán, en gran medida, el desarrollo cotidiano del conjunto, en una evolución hacia una conciencia de grupo que evoluciona en una línea incierta y, en ocasiones, confusa, en la que destaca la configuración del individuo como ente total, inserta en una encrucijada permanente de principios de respeto y convivencia.

Así, el aula se configura como un contexto en el que se formarán las futuras generaciones y, por ello, adquiere el carácter de ámbito propicio para poner de manifiesto actitudes básicas de convivencia, exponentes de la actual sociedad, en general, y del nuevo sistema educativo, en particular. Por tanto, llegamos al aula como contexto adecuado para el desarrollo de estrategias que favorezcan estas actitudes democráticas, espacio en el que asentar principios que formarán implícitos propios e internos al grupo y que generan una *«cultura»* propia, con una particular visión de la vida y de la realidad.

El trabajo *«grupal»* ha estado presente en las aulas prácticamente desde siempre, encubierto por otros nombres y concepciones de la finalidad educativa, pero es en los últimos años cuando mayor presencia ha manifestado en las prácticas educativas, aunque interpretada más como fin que como medio; se ha considerado el trabajo en grupo como una finalidad en sí mismo, y se ha buscado en la colaboración un medio de adquisición de actitudes de respeto. A pesar de esto, hoy se entienden las técnicas de trabajo en grupo, en particular, y el trabajo en grupo, en general, como una estrategia que, como tal, carece de finalidad determinada, a la espera de asignación de metas para su concreción en la práctica.

Así pues, el trabajo en grupo se configura como una alternativa al desarrollo de la práctica docente tradicional que, a través de la articulación de estrategias en torno a un objetivo, se erige como un medio adecuado para la adquisición de los objetivos propios de la enseñanza, al tiempo que adecua el aprendizaje a las estrategias propias de cada alumno y grupo (Fuentes, Ayala, De Arce y Galán, 1997). Y este trabajo en grupo se rige por los principios emanados del nuevo sistema educativo y alberga tantos tipos de aprendizaje como discentes, potenciando un aprendizaje colaborativo-significativo. Aprendizaje colaborativo que, como tal, es fruto de la construcción social del conocimiento y fomenta el apoyo de unos alumnos en otros y crea vínculos para la realización de un aprendizaje efectivo en un clima favorable. Por otra parte, se fomenta un aprendizaje significativo al considerarse como base fundamental del mismo las experiencias directas en la adquisición de conocimientos.

2.2. El aula como grupo: trabajo en grupo frente a trabajo agrupado

Bajo los aires del nuevo sistema educativo que inunda el marco de la práctica cotidiana del aula, encontramos numerosos principios como los de *«normalización»*, *«cooperación»*, *«participación»*, etc., y un sinfín de buenas intenciones que, disfrazadas de innovación, centran su atención en la actuación comunicativo-comportamental que se establece entre el profesor y sus alumnos.

Este deambular teórico-intencional-práctico tiene su punto de partida en el término *«trabajo en grupo»*, ya descrito en el apartado anterior, y en sus implicaciones reales en la dinámica cotidiana del aula. Con todo ello, no pretendemos extender las líneas escritas sobre la *Teoría de la dinámica de grupos* con más lecciones sobre el comportamiento del grupo, sino que buscamos dar soporte a un tipo de intervención educativa que, hoy por hoy, es el ideal propuesto por amplios sectores educativos como el método más adecuado tanto para el aprendizaje, como para la enseñanza.

Tras abordar las cuestiones más significativas en referencia a la definición de los términos centrales de la temática de este texto —trabajo en grupo—, no podíamos, por más tiempo, eludir la base que sustenta dicha unión; nos referimos, sin duda, a los integrantes o participantes de la vida grupal.

Desde ningún enfoque que podamos adoptar se puede negar la realidad de *que el grupo es la unión de los individuos que lo forman*. Bajo esta idea reside un concepto previo que implica el reconocimiento de la individualidad de cada una de las personas que va a participar en el grupo. Tanto es así que hablaremos del «*rol*» como del posicionamiento habitual de una persona a la hora de relacionarse con el resto; de este modo el comportamiento, como pauta cotidiana, va creando un mapa o puzzle, y del encaje de sus piezas dependerá la «*bondad*» de las relaciones grupales.

A pesar de esta idea, expresada en base a la adopción de roles y su confluencia en la vida grupal, debemos establecer una serie de estereotipos significativos por la frecuencia con que aparecen en el análisis de grupos. Todo ello sin olvidar que el grupo tiene una implicación mayor de la resultante de la suma de las individualidades de los integrantes; en un grupo confluyen sucesos, acciones, intenciones, conflictos..., que producen un resultado mayor que la simple adición del trabajo independiente de sus componentes.

El antecedente previo para el tratamiento de estos «*roles*» individuales en el grupo es la estructura relacional del mismo. Hay que tener en cuenta que el elemento que enriquece y da movilidad al grupo es la comunicación que, mediante canales informativos —ya sean unidireccionales o bidireccionales—, establece no sólo el clima, sino también la facilidad para plantear y resolver conflictos, la comprensión intragrupal..., y, en definitiva, todo aquello que provoca el bueno o mal funcionamiento de esa «*supraunión*» de fuerzas denominada grupo (Andreola, 1984).

Con la estructura comunicativa se van estableciendo rutinas, implícitos, acuerdos, etc., que irán configurando lo que se denomina «*cultura grupal*», como término que comprende aquello que le es propio al grupo. En esa «*subcultura*» se sumerge el individuo como parte integrante y configuradora de la misma durante un tiempo determinado, establecido en base a dos ejes espacio-temporales:

a) En primer lugar, el individuo no pertenece a un único grupo, sino que forma parte de varios de ellos, dando lugar a lo que se ha denominado *«vida social»*; será parte integrante de un *«grupo familiar»*, *«de amigos»*, *«laboral»*, y otros muchos, dando lugar a este primer eje temporal que se corresponde con las experiencias cotidianas y engloba al sujeto en distintos grupos, con la consiguiente estructuración de las relaciones interpersonales en cada uno de ellos.

b) El segundo eje es el impuesto por la finalidad que comporta la formación del grupo; es decir, los grupos se forman bajo la premisa de unos objetivos a lograr; por tanto, el grupo se mantendrá hasta que se alcancen las mismas, perdiendo —llegado el momento— el sentido de su existencia.

Mediante este *«eje cartesiano»*, planteamos la situación en que se encuentra una persona que ha de desempeñar un rol en distintos grupos y desarrollar, por ello, un comportamiento diferencial en función de las personas que le rodean y con las que se relaciona en cada momento.

Al margen de este comentario, debemos tener en cuenta que el papel que puede desempeñar una persona en un contexto dado radica, en última instancia, en la base psicológica personal del sujeto. Por tanto, en principio, un denominado *«líder innato»*, supuestamente, nunca actuará de forma sumisa. Tal vez, esta base psicológica induce al sujeto hacia un parámetro de conductas concretas —y, por tanto, de roles—, y no le permite experienciar todo el espectro de las mismas; lo que sí queda claro es que el comportamiento individual se *«resiente»* ante el contacto grupal, generando respuestas de distinto tipo en función de las características diferenciales de la agrupación en que se inserta.

De la asignación de los roles grupales, podremos establecer una serie de relaciones de tensión-distensión que van dando lugar al movimiento del grupo y a su cultura evolutiva. De no ser así, el grupo se *«estancaría»* y daría lugar a una situación de inconsistencia, lo que haría imposible el logro de las metas prefijadas de antemano (Napier y Gershenfeld, 1991). Con todo esto tan sólo pretendemos centrar la atención en un aspecto, a menudo pasado por alto, como es el de la necesidad del conflicto para dotar de cierto dinamismo a la agrupación en sí.

En las teorías de resolución de conflictos podemos encontrar una doble vertiente: la primera, basada en *«afrontar los hechos»*, a su vez subdividida en función de las medidas adoptadas para su resolución; y, por otro lado, la evitación. A pesar de lo que se pueda pensar, la evitación no es sino una forma de posponer el conflicto actual en busca de una merma de sus consecuencias ante el paso del tiempo (Cartwright y Zander, 1989). Esta técnica no es recomendable, puesto que implica un antecedente, asentado en la cultura del grupo, que crea un espacio simbólico o *«tabú»* que pierde su consideración de conflicto inicial, para crear un *«mito»* que, mediante su deformación cotidiana, supone un obstáculo en la comunicación y la franqueza, aspectos éstos que deben asentarse como principios de la constitución del grupo.

Así que parece más adecuado optar por el camino de la resolución *«difícil»*, y decimos difícil por ser el método que obliga a los miembros del grupo a poner en claro las perspectivas planteadas en situaciones de conflicto. De esta forma, el diálogo y la posibilidad de entendimiento dependen, en gran medida, de la actitud y la implicación que se tiene en el grupo.

Independientemente de la existencia o no de conflictos, debemos partir de la consideración de que el grupo existe bajo la premisa de la necesidad humana de relación; de forma que la agrupación se realiza ante la dificultad que encuentra el hombre para afrontar la vida solo. Rousseau definió al hombre como un ser social, pero fue Hobbes quien, bajo este fin relacional, estableció las bases del necesario «*pacto*» que debe regir el intercambio personal. Así que el hombre se relaciona porque es un ser social y, como tal, requiere de las demás personas un contacto cotidiano que le permita desarrollar y evolucionar ese «*atributo*» que nos diferencia del animal —la humanidad.

Todas estas consideraciones genéricas, realizadas hasta el momento, es necesario encuadrarlas en contextos educativos para que, de esta forma, nos sean útiles tanto para intervenir en la práctica cotidiana, como para conocer qué ocurre en los grupos en cada momento. La «*contextualización*» generará problemáticas particulares, fruto de la unión de los conflictos asociados al grupo y los propios de la institución escolar, lo que puede dar lugar a un extraño clima en el que el trabajo se desenvuelve entre la obligación y la informalidad.

La causa de que el grupo se desenvuelva en un clima de este tipo radica, en última instancia, en el tipo de estructura que sostiene la escuela. Estructura que se define por la superposición de dos tipos de ordenaciones que se entremezclan, de forma que conviven una estructura formal y otra informal, lo que ocasiona no pocas confusiones y problemas propios de la institución escolar.

Estas dos estructuras se encuentran presentes, de forma latente, en la escuela desde su creación; ahora bien, a partir de la obligatoriedad de la enseñanza como derecho y como bien para todas las generaciones del territorio nacional (Riu, 1988), encontramos un nuevo tipo de organización de la escuela, en un nivel interno; estamos hablando de la organización del grupo en la institución escolar. De esta forma, debemos tener en cuenta la existencia de una organización vertical de la escuela para hacer referencia a la graduación de la enseñanza en niveles, etapas y cursos. Y, por otra parte, nos referimos a la organización horizontal de la escuela cuando el objeto es tratar la composición de grupos en el aula. En base a este último tipo de clasificación, podemos diferenciar tres tipos de agrupaciones (Fuentes, Ayala, De Arce y Galán, 1997):

a) *Homogéneas.* Cuando los grupos se forman en base a un criterio fijo y determinado igual para todos, como puede ser la edad, el sexo, el nivel académico, etcétera.

b) *Heterogéneas.* Cuando no se encuentra, o no se cree necesario, el agrupar en función de criterio alguno.

c) *Flexibles.* Cuando la formación de los grupos está en función de la tarea; se realizan distintas agrupaciones para las diferentes áreas de aprendizaje, para distintos trabajos, lo que supone que los mismos sujetos no siempre trabajen juntos, puesto que no todos tienen el mismo nivel de desarrollo en todas las áreas académicas, el mismo ritmo evolutivo ni de aprendizaje, etc.

Estas agrupaciones son el resultado de la ordenación a nivel de centro. Ahora bien, una vez que se ha organizado el mismo en grupos, ya sea de un tipo u otro, queda la organización del aula, que puede realizarse tanto por iniciativa del docente, como por la de los alumnos (Fabra, 1994). En la formación de los grupos en el aula debemos tener presente, en todo momento, la motivación que nos lleva a optar por este tipo de trabajo y no por otro, lo que saca a la luz decisiones referidas a quién ha de formar los grupos y cuál debe ser su composición (Fuentes, Ayala, De Arce y Galán, 1997).

A la hora de formar los grupos, podemos optar por varias fórmulas, teniendo siempre presente que cada una de ellas comportará unos beneficios particulares, pero también unos inconvenientes. Por ejemplo, en la formación de grupos por iniciativa de los alumnos, una de las fórmulas más comunes es la agrupación libre; el resultado de la misma puede ser poco eficaz para el trabajo grupal, pues es común que los alumnos se unan por afinidades afectivas, predominando el grupo de amigos por encima de la finalidad de la tarea, lo que puede entorpecer el desarrollo de la misma a través de la introducción de actitudes más propias de reuniones informales que de trabajo. De este modo, predominan los roles desarrollados en el grupo de amigos, algo que no permite la *«experimentación»* de otros roles en contextos diferentes.

De todos es sabido que nuestro comportamiento y actitudes no son invariables, sino que varían en función del contexto en que nos encontremos, esa variabilidad se produce en un espectro determinado (Maisonneuve, 1993), es decir, los roles o formas de comportarse en el grupo variarán en función de la agrupación en que nos encontremos, pero siempre oscilarán entre formas similares. El cambio de roles grupales es una condición necesaria que nos ayuda a desarrollar todos los aspectos de nuestra personalidad; por ello, es de vital importancia que se lleve a cabo esa alternancia comportamental, que puede ser favorecida en el aula con la variación en la composición de los grupos.

Por tanto, la agrupación libre de los alumnos desembocará, con gran probabilidad, en la permanencia de los grupos que son amigos, se caen bien, etc., es decir, en este tipo de agrupación se tiende a la conservación de las situaciones en que los miembros del grupo se sienten seguros por no tener que enfrentarse a nuevos cambios.

Ante esta vicisitud, nos encontramos con un segundo tipo de agrupación, la libre condicionada (Fabra, 1994), en la que los alumnos decidirán la composición de los grupos teniendo como referente unas normas iniciales marcadas para su unión. Entre estas normas son frecuentes la heterogeneidad en cuanto al número y al género, el nivel académico, la escasa interacción entre los miembros del aula, etc.; de esta manera, este segundo tipo de agrupación puede controlar los efectos que produce el vínculo afectivo de los alumnos en el aula.

Cuando la formación de los grupos recae sobre el docente, nosotros reconocemos una forma de agrupación única, denominada «*a dedo*», en la que el profesor será la persona que indicará quiénes son los miembros de los grupos que componen el aula. Es cierto que algunos autores (Fabra, 1994; Andreola, 1992; Luft, 1992; Slavin, 1990...), reconocen varias tipologías en la formación de grupos por iniciativa del docente, como pueden ser: en función de los intereses de los alumnos, en función de pruebas sociométricas, mediante un sistema aleatorio, etc., pero, desde nuestro punto de vista, creemos que cualquiera de ellas supone la determinación de un criterio unificador para la formación de los grupos. De este modo, será el docente quien, a la luz de los resultados de una prueba sociométrica y tras interpretar los mismos bajo los conocimientos que tiene del grupo, determinará la composición de cada una de las formaciones de alumnos que iniciarán el trabajo en grupo. Y, bajo esta «*determinación*», cuando recae sobre él la formación de estos grupos de trabajo, siempre tiene de base una finalidad para tomar las decisiones con que se enfrenta, que puede ser favorecedora del rendimiento de los grupos, de la interacción e integración de alumnos, etc. Al igual, algunos autores (Blake, Mouton y Allen, 1993; Fabra, 1994) aluden a un tipo de constitución de grupos intermedios en el que la composición del grupo queda definida tanto por iniciativa del docente como por la de los alumnos; parece, sin embargo, que la práctica termina por hacer recaer esta responsabilidad en uno de los dos extremos.

Frecuentemente se denomina trabajo en grupo a cualquier tipo de metodología activa que conlleve una interacción entre varios alumnos, y que siga las fórmulas de agrupamiento mencionadas, independientemente de que el proceso se desarrolle como consecuencia de esa unión y siempre que el referente obligado del proceso sean las tareas escolares. Encontramos, pues, bajo este encuadre, fórmulas de trabajo que conllevan la *«unión física»* de los miembros y que no alcanzan la *«unión grupal»*.

Este hecho, entre otros, es el que ha llevado a las técnicas de trabajo grupal a un *«exilio»* en el trabajo de los contenidos elementales de la educación y ha sentado la base de algunos prejuicios sobre la inutilidad de la aplicación de esta metodología al campo del desarrollo curricular de conocimientos.

Para poder trasladar los principios reales de un método activo como el que tratamos es preciso que analicemos las implicaciones reales de su desarrollo, diferenciando su esencia de otras realidades más comunes en el aula.

Este proceso delimitador mencionado nos lleva a plantear el enfrentamiento entre dos métodos, el trabajo en grupo y el trabajo agrupado, métodos que, en la práctica, se confunden y entremezclan y nos llevan a designar como trabajo en grupo todo tipo de unión que tenga como finalidad alcanzar una meta. Así, el trabajo agrupado se erige, dentro de los métodos activos de enseñanza, como forma predominante de actuación, lo que implica el que se relegue su uso a los espacios de *«baja actividad intelectual»*, por la ineficacia del mismo en el desarrollo de contenidos conceptuales.

El trabajo agrupado supone la unión de distintos miembros, sin la implicación de una organización ni el establecimiento de condiciones previas, lo que conlleva una ausencia total de coordinación que, a su vez, puede traducirse en la realización de tareas en función de los intereses individuales de cada integrante, la falta de realización de todas las tareas necesarias para la consecución del fin propuesto, la duplicidad del trabajo, etc. Este tipo de actividad es la que se desarrolla en un grupo cuando cada participante del mismo desarrolla una parte del trabajo común y desconoce los contenidos y procesos desarrollados por el resto de integrantes de la agrupación. Por tanto, y en base a las notas, no se puede hablar, en estas situaciones, de trabajo en grupo, notas aportadas en su identificación, ya que el resultado del proceso no es el fruto del grupo, sino que se trata de la suma o unión de los trabajos individuales de cada uno de los integrantes, producto que, por tanto, no es superior a la eficacia individual y que, en última instancia, contradice la definición de cualquier trabajo en grupo.

Otro término utilizado como sinónimo del trabajo en grupo es el de trabajo cooperativo, más próximo al campo de las actitudes y las finalidades que al de la misma organización del trabajo, ya que plantea una interdependencia grupal como condición para la consecución de las finalidades individuales (Cartwright y Zander, 1989). Esta fórmula cooperativa supone un avance respecto a la anterior y, aunque su aplicación no conlleva la necesidad de la formación grupal, sí implica la unión, coordinación y cooperación entre los miembros para el desarrollo de la tarea y el logro de las finalidades propuestas. A pesar de que hayamos optado por integrar esta terminología, *trabajo cooperativo*, para la aproximación progresiva al trabajo en grupo, su inclusión en este desarrollo responde al intento de diferenciarlo y desvincularlo del concepto que tratamos, puesto que el trabajo cooperativo se encuentra siempre contrapuesto al *trabajo competitivo*, al designar fórmulas para el trabajo eficaz en función de las finalidades propuestas y no métodos de trabajo en sí.

Para finalizar, debemos hacer referencia al trabajo en grupo en tanto que representación del esfuerzo democrático para alcanzar las metas prefijadas, donde todos los integrantes participan al mismo tiempo de todas las tareas, suponiendo cada una de ellas el esfuerzo y el consenso de todos los integrantes del grupo. De este modo, los integrantes del grupo no sólo son responsables y conscientes del producto final, sino que, además, son copartícipes de cada uno de los pasos que han llevado al mismo.

No podemos obviar, en definitiva, que el ideal propuesto con el trabajo en grupo supone un esfuerzo de colaboración y negociación colectiva, e implica una serie de problemas en su desarrollo —en pos de una mayor participación y una implicación activa de todos en todo el proceso desarrollado—. En ocasiones, una agrupación de este tipo supone una inversión mayor de tiempo y recursos pero, aun en el caso de que el resultado fuese idéntico al obtenido en otra forma de trabajo, la mayor riqueza del proceso (más y mejores relaciones entre los miembros, comportamientos más democráticos, más solidarios...) nos parece incuestionable.

2.3. Técnicas de trabajo en grupo y aprendizaje: relaciones para la enseñanza

Al plantear la aplicación de las técnicas de trabajo en grupo en el marco de los distintos procesos educativos, hemos de hacer una parada obligada en un elemento que define una importante porción de dichos procesos: el aprendizaje; elemento éste que escapa a unos referentes claramente definidos y cuya concepción depende, entre otras cosas, de la teoría psicológica que seleccionemos para su explicación.

El concepto de aprendizaje puede ser considerado en tanto que proceso por el que se acumula información en la memoria, lo que configura unos conocimientos previos que mediatizarán las experiencias y las relaciones con el medio, y da lugar a las características comunes de cada grupo y a las diferenciales de cada individuo. Por tanto, el aprendizaje puede ser concebido como un elemento central en la vida de toda persona, capaz de proporcionar un *«bagaje personal»* particular y propio.

Pero, al centrarnos en el concepto mismo de aprendizaje, encontramos un amplio campo teórico definido por la evolución en los aspectos que inciden sobre el proceso de aprender; así, encontramos al menos tres corrientes psicológicas principales que marcarán la evolución en la consideración de los procesos que abordamos, al tiempo que añaden aspectos fundamentales para su consideración. De esta manera, podemos hablar de: aprendizaje por condicionamiento, aprendizaje por observación y aprendizaje por reestructuración cognitiva (Coll, 1991).

El aprendizaje por condicionamiento se basa en la asociación entre el estímulo que se presenta y la respuesta que se proporciona (Beltrán, 1992); aunque esta visión suele quedar reducida a aspectos puramente biofisiológicos, significa un primer paso para explicar el aprendizaje de las conductas sociales, que, en definitiva, mediatizan la conducta instintivo-biológica a través de una serie de expectativas conductuales regidas por castigos y recompensas.

El segundo tipo de aprendizaje es el realizado por medio de la observación, en el que la imitación queda definida como la vía esencial para realizar aprendizajes sociales que no pueden ser identificados por cadenas del tipo *«estímulo-respuesta»*. De este modo, no sólo se aprende cuando se provoca una respuesta determinada, sino también se aprende cuando se observa en los demás un comportamiento concreto (García Madruga, 1990).

Por último, tanto en el tiempo como en la complejidad, encontramos el aprendizaje por reestructuración cognitiva, que se centra en la esencia sociocultural del aprendizaje humano, e identifica los aspectos de carácter simbólico, más complejos que los anteriores, que sólo serán aprendidos a través de la convivencia y la construcción, tanto a nivel personal, como a nivel de grupo.

Así, encontramos tres niveles en los procesos de aprendizaje, definidos por la relación que mantiene el sujeto, a lo largo de los mismos, con el medio social que le rodea (Bandura, 1990; Bruner, 1988); medio social que quedará definido por los grupos en que se encuentra inmerso. De esta manera, se establece una relación próxima entre el sujeto y el grupo en la que el aprendizaje se muestra como un elemento de vital importancia para la inserción y adaptación social del individuo como parte activa de la sociedad en la que vive.

En estos supuestos teóricos se sustenta la legislación actual al plantear los procesos de aprendizaje que deben desarrollarse en los contextos educativos, estableciendo la promoción de principios colectivos de aprendizaje a fin de proporcionar experiencias significativas que irán configurando la personalidad particular y propia de cada individuo, al tiempo que acomodarán la misma a los principios generales de la cultura a la que pertenece (Vidal y Manjón, 1992).

De esta forma, queda patente la importancia del grupo de referencia en los procesos de aprendizaje, por lo que se puede admitir la importancia del aprendizaje en grupo y, por tanto, promover las experiencias comunes en los contextos educativos. Ante este hecho y desde instancias legislativas, se apunta como aspecto metodológico a destacar, en todos los tipos y niveles de la educación, la especial incidencia de las prácticas de carácter experiencial, activo y adaptado a las características individuales de cada alumno y grupo (Arts. 7.5, 14.3, 22.4, 27.5, 34.3 de la LOGSE, 1990), haciendo referencia al desarrollo de capacidades, en el sujeto, para aprender por sí mismo y el uso de la utilización del aprendizaje significativo como fórmula privilegiada para la realización del proceso.

Ante esta prescripción-orientación legislativa, no podemos obviar que las metodologías por las que se aboga son aquellas de carácter activo en las que se promueve la generación propia del conocimiento por parte del grupo en el que se desarrollan los procesos de enseñanza-aprendizaje. Así, y entre estos métodos incentivados, destacan las técnicas de trabajo en grupo como realización de este propósito educativo en el que el grupo se considera eslabón fundamental para la adquisición y elaboración de los conocimientos, bajo el tamiz de las relaciones interpersonales que colaborarán en la atribución de significados propios para el grupo y personales para cada uno de sus componentes (Blake, Mouton y Allen, 1993).

A pesar de la concepción de las técnicas de trabajo en grupo como método más que adecuado para el desarrollo de los propósitos educativos, esta metodología ha encontrado barreras, en ocasiones, infranqueables, fruto del intento de la tradición psicopedagógica por proporcionar respuestas genéricas para la resolución de conflictos en los procesos de enseñanza-aprendizaje. Desde esta perspectiva, se plantean técnicas de trabajo en grupo para que el educador afronte problemáticas, en su mayoría de motivación y organización, mediante la aplicación de una actividad grupal de tipo general, adaptada a cualquier contexto y población de referencia. De esta manera, se dan a conocer las técnicas de trabajo en grupo como un medio para solucionar problemáticas conductuales que inciden en los procesos formativos planteando, al mismo tiempo, una limitación de estos procesos grupales y generando una cultura de inaplicabilidad a los procesos formativos con contenidos específicos.

Sería ingenuo el pretender proclamar las técnicas de grupo como medio indiscutible e infalible a la hora de alcanzar los objetivos pretendidos por la educación. Con mucha probabilidad, esto requiera de muy diversas metodologías entre las que, sin duda, tendrá cabida tanto la denostada clase magistral como las, actualmente alabadas, técnicas de grupo.

El uso de estas técnicas obliga, en cierta medida, al docente a considerar la figura del alumno en su propia acción de aprendizaje y a cuestionar su función en el aula. Esta implicación del alumno, el abandono del papel de mero receptor hace, sin duda, más compleja la tarea del docente. Así, su finalidad no es sólo la de transmitir un conocimiento, sino transmitirlo con eficacia, teniendo en cuenta que esa eficacia reside en la comprensión del receptor y no en la medida empírica de su conocimiento.

Por tanto, las técnicas de grupo tienen una doble finalidad: son un método válido para la transmisión comprensiva y, al mismo tiempo, suponen un objeto de ratificación de esos conocimientos *«aprehendidos»*. Ahora bien, esto no significa que sea el *«método de los métodos»* que, a modo de *«Santo Grial»*, nos solucione el difícil camino de la enseñanza; al menos, por el momento, habremos de seguir esperando do *«el soplo»* de Panacea.

Resumen

El grupo, como asociación humana que comparte unos intereses y una cultura común, es la base para el desarrollo de procesos formativos en los que el aprendizaje tiene un papel central como fuente generadora de los conocimientos que darán lugar a los comportamientos, tanto individuales como grupales. La organización de estos fenómenos de aprendizaje grupal pasa por su consideración especial en los contextos educativos y su incidencia en el desarrollo de la práctica del educador como parte del proceso de creación y desarrollo del grupo, diferenciado de otras formas de trabajo asociadas y confundidas con la misma; y, de este modo, dando cabida a estas técnicas de trabajo en grupo en el conjunto de prácticas educativas favorecedoras de experiencias significativas de aprendizaje.

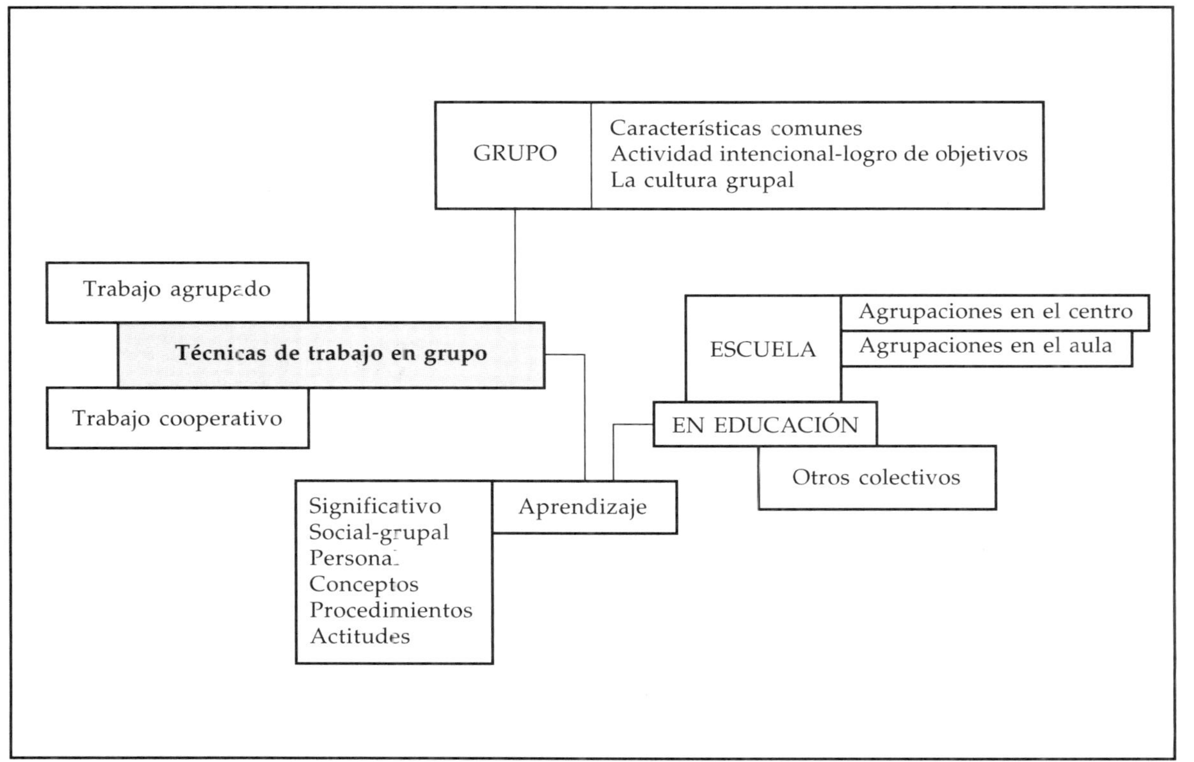
GRUPO
Características comunes
Actividad intencional-logro de objetivos
La cultura grupal
Trabajo agrupado
Técnicas de trabajo en grupo
Trabajo cooperativo
ESCUELA
Agrupaciones en el centro
Agrupaciones en el aula
EN EDUCACIÓN
Otros colectivos
Significativo
Social-grupal
Persona.
Conceptos
Procedimientos
Actitudes
Aprendizaje

3
Consideraciones generales sobre los grupos

3.1. Introducción

Es difícil imaginar al ser humano aislado. Nada nuevo aportamos si decimos que la mujer y el hombre son de naturaleza sociable y que la mayoría de nuestros comportamientos los realizamos en grupo. Nacemos en una sociedad y nos desarrollamos en ella, somos miembros de múltiples y diversos grupos: familia, amigos, colegas, compañeros, vecinos... y lo que parece claro es que esta dimensión social es susceptible de ser desarrollada y mejorada, lo que implica la necesidad de considerarla en nuestro quehacer profesional.

Son numerosas las investigaciones que han constatado el hecho de que la formación en grupo socializa al individuo, consolida el aprendizaje y forma actitudes; así, los estudios de Johnson y Johnson (1974, 1976, 1979) y Slavin (1990) destacan que los alumnos obtienen un *mejor rendimiento* trabajando con un método cooperativo; del mismo modo, un estudio realizado por Sharan, Hertz-Lararourtz y Ackerman (1980) demuestra que los estudiantes que trabajan en grupos tienen un *mayor nivel cognitivo*. Estas mismas investigaciones evidencian que el trabajo cooperativo y en grupo *favorece el desarrollo de actitudes sociales*, existiendo entre los estudiantes más interacción, mejor clima y unas óptimas relaciones interpersonales, como también muestran el papel del trabajo en grupo en el estímulo del *desarrollo afectivo* (atracción interpersonal, mejor autoestima...).

Por todo ello, insistimos con numerosos investigadores y teóricos de la Pedagogía en el valor formativo del grupo. No obstante, también existen detractores de esta corriente, que apoyan sus argumentos en consideraciones acerca de la enseñanza individualizada y tradicional, basada en la competitividad, y no en la cooperación.

De forma que cuando nos centramos en el valor formativo de los grupos y, más concretamente, en los grupos de aprendizaje —nos referimos a grupos primarios, como conjuntos pequeños o medianos de personas que participan de una experiencia común (vivencia)—, vemos cómo éstos tienen un carácter duradero e intencional y también podemos constatar cómo entre sus miembros existe una comunicación de tipo horizontal; en definitiva, estos grupos se definen por un *«nosotros»* con miras a un objetivo común.

Todas estas razones explicitan que el desarrollo de un grupo sea el proceso por el cual un conjunto de personas o individuos (agrupamiento) terminen por constituirse en un grupo. En este proceso los diferentes componentes aprenden:

- Modos más efectivos para trabajar juntos.
- Desarrollo de la confianza mutua.
- Conocer nuevas experiencias.
- Mejorar su comunicación.

De este modo, y en consecuencia, el animador, coordinador, docente, formador... de un grupo debería conocer para la puesta en marcha del mismo una serie de aspectos generales que le ayudarán en la formación y consolidación de los grupos. Nos referimos a:

- Tamaño del grupo.
- Nivel de conocimientos del grupo.
- Intereses y expectativas del grupo.

- Condiciones en las que se participa en el grupo (formación, preparación, reciclaje, etc.).
- Los objetivos del grupo.
- Tiempo de permanencia del grupo.
- Etcétera.

Con todo y como hemos señalado en el capitulo anterior, coincidimos con Tejada (1997) cuando afirma que tanto el grupo y su dinámica como las técnicas grupales no pueden convertirse en una panacea. Antes de sobrevalorarlas y utilizarlas en cualquier situación, es necesario que tengamos presente que en el grupo encontramos unas limitaciones, que vienen determinadas, bien por factores derivados de su propia composición, estructura, etc., y que afectan a su dinámica, o bien los relativos a cuestiones de carácter pedagógico-didáctico. Entre los primeros destacamos el número de miembros, edad, homogeneidad-heterogeneidad, roles, etc., y entre los segundos, el tipo de trabajo, recursos, contenidos, etc.

A lo largo de este tercer capítulo, y dada la numerosa bibliografía relativa al tema que nos ocupa, intentaremos, de forma somera y utilizando para ello cuadros y esquemas aclaratorios, reflejar algunas concepciones de lo que es un grupo, la estructura y procesos que se dan en el mismo, así como las etapas y fases de formación de los grupos, para finalizar con la presentación de algunas técnicas alternativas para trabajar en grupo y algunas consideraciones sobre las mismas. Todo ello con el objeto último de conseguir proporcionar un material accesible y esquemático a aquellos formadores que pretendan introducirse o introducir un tema como el del trabajo en grupo.

3.2. ¿Qué se entiende por grupo?

Nuestro punto de partida son distintas definiciones que se han ido dando a lo largo del tiempo de lo que es un grupo para poder identificar, así, los elementos, atributos, características y factores necesarios a los mismos.

Son numerosas las definiciones dadas desde nuestro ámbito social a un concepto como el de grupo. Así, para Schäfers (1984), un grupo social *«consiste en un determinado número de miembros, quienes para alcanzar un objetivo común (objetivo de grupo) se inscriben durante un tiempo prolongado en un proceso relativamente continuo de comunicación e integración y desarrollan un sentimiento de solidaridad (sentimiento del nosotros). Para alcanzar el objetivo de grupo y la estabilización de la identidad grupal, son necesarios un sistema de normas comunes y una distribución de tareas según una diferenciación de roles específica de cada grupo».*

Más escueta pero igualmente clarificadora resulta la definición de Kurt Lewin (1963) que concibe al grupo como *«un todo dinámico que se basa en la interdependencia de sus miembros».*

Ya en nuestro ámbito nacional, y más acorde con nuestro punto de partida, Tejada (1997) se refiere al grupo como *«un conjunto de personas que se interrelacionan mutuamente, que persiguen objetivos comunes, más o menos compartidos, se definen a sí mismos y son definidos por los demás como miembros del grupo, constituyen normas relativas a asuntos de interés común, y participan de un sistema de roles entrelazados».*

Finalmente, destacamos la aportación de Villa Bruned (1998), que introduce la satisfacción de necesidades como inherente al grupo en tanto que, y según sus palabras, *«conjunto de individuos unidos por mutua atracción interpersonal, y por la satisfacción también mutua de sus propias necesidades».*

De este modo, podemos extraer ya dos primeros cuadros aclaratorios referidos tanto a los elementos presentes en un grupo como a los atributos que le son característicos:

<table>
<tr><td>Elementos comunes a todos los grupos</td></tr>
<tr><td>

- Entidad dinámica en continuo movimiento y crecimiento.
- Pluralidad de personas con interdependencia e interrelaciones.
- Objetivo común y metas compartidas; paso del «*yo*» al «*nosotros*».

</td></tr>
</table>

<table>
<tr><td>Atributos característicos de los grupos</td></tr>
<tr><td>

- Cierto sentido de identidad compartida por los miembros del grupo.
- Interdependencia entre los integrantes para abarcar distintos aspectos.
- Estructura y organización estable para dar sentido y equilibrio a las interacciones.

</td></tr>
</table>

En la línea señalada en el capítulo anterior de no confundir grupo con agrupamiento resaltamos a continuación aquellos factores necesarios en todo grupo:

<table>
<tr><td>Factores necesarios en todo grupo</td></tr>
<tr><td>

- Percepción de un objetivo y meta común.
- Cierto grado de interacción entre sus miembros.
- Actitudes, normas y valores comunes.

</td></tr>
<tr><td>

Los grupos son unidad (por los objetivos comunes) y diversidad (por la personalidad específica de cada individuo que lo forma).

</td></tr>
</table>

En esta línea de paulatina definición del grupo parece oportuno señalar lo que son sus principales características y que, siguiendo a Anzieu y Martín (1972), quedan sintetizadas en:

Principales características de los grupos

- Los grupos están formados por personas, cada una de las cuales debe percibir a los demás en forma de individuos para que exista una relación social recíproca.
- Es permanente y dinámico, de tal manera que su actividad responde a los intereses y valores de cada uno de sus miembros.
- Posee intensidad en las relaciones afectivas, lo cual da lugar a la formación de subgrupos.
- Existe solidaridad e interdependencia entre sus componentes, tanto dentro del grupo como fuera de éste.
- Los roles están bien definidos y diferenciados.
- Tiene sus propias normas y creencias.
- Posee su propio código y lenguaje.

Todos estos motivos definen que son diversas y distintas las razones por las que pertenecemos a un grupo, Cattell, ya en 1948, propuso siete teoremas que Shaw (1989) ha resumido en las siguientes:

¿Por qué se pertenece a un grupo? (Shaw, 1989)

- Para satisfacer una/s necesidad/es individual/es.
- Por atracción interpersonal.
- Por semejanza de actitudes.
- Por personalidad.
- Por nivel económico.
- Por raza.
- Por compatibilidad de necesidades.
- Etcétera.

Teniendo en cuenta todos estos elementos, factores, características y atributos, convenimos con Gibb (1981) en los principios básicos que señala para la acción del grupo, principios que mediatizan el aprendizaje en el grupo y que deben estar presentes en cualquier intervención grupal y que resumimos de la forma que sigue:

Principios básicos de la acción del grupo

- Creación del ambiente o atmósfera grupal.
- Clima de confianza y comunicación.
- Liderazgo compartido.
- Desarrollo de los objetivos del grupo.
- Flexibilidad de organización.
- Comunicación y consenso en las decisiones.
- Comprensión del proceso grupal.
- Evaluación de objetivos y actividades.

Para finalizar esta delimitación conceptual de lo que se entiende por grupo, podemos sintetizar las condiciones necesarias para que pueda constituirse un grupo, en las siguientes premisas:

Condiciones necesarias para constituir un grupo

- Que se perciban los distintos componentes como unidad.
- Que se establezcan relaciones e interdependencias.
- Que se perciban metas y objetivos comunes.
- Que se produzca una organización interna con una estructura y dinámica propia en lo relativo a: establecimiento de roles, consolidación del líder, establecimiento de normas, actitudes y valores.

Lo visto en este primer epígrafe nos permite aportar unas primeras conclusiones:

Conclusiones

1. El grupo no nace, se hace a lo largo del tiempo.
2. El grupo y el animador o coordinador no son dos realidades distintas.
3. Es preciso establecer desde el principio las metas y objetivos del grupo entre todos los participantes.
4. Es necesario crear un clima abierto, flexible y cálido para posibilitar una comunicación afectiva y personal.

3.3. ¿Cómo se pueden clasificar los grupos?

Una vez reflejadas las primeras consideraciones sobre lo que es un grupo, sus características, elementos, atributos, principios,... pasamos a describir brevemente las distintas clasificaciones que, sobre los mismos, se han ido realizando. Estas clasificaciones han considerado distintos aspectos, como el tamaño, la duración, el grado de formalización, la estructura interna, etc. Ninguna resulta definitiva, pues la múltiple bibliografía existente es compleja y heterogénea.

Así, autores como Cartwright y Zander (1988) distinguen entre grupos de formación deliberada, externa y espontánea; Bernard (1978) entre grupos primarios y secundarios y Tejada (1997) añade a la clasificación anterior las tipologías de grupos homogéneos y heterogéneos.

De este modo, el *grupo primario* sería un grupo pequeño, compuesto por un número reducido de miembros, en cuyo seno existe comunicación, conocimiento y aceptación y en el que las relaciones se dan cara a cara, como, por ejemplo, la familia, un grupo de amigos o incluso una clase; el *grupo secundario*, se caracteriza por unas relaciones no tan directas en las que el tono afectivo y la interrelación entre los distintos componentes es menor. Una forma típica de grupo secundario es la empresa en que se trabaja (no el grupo de trabajo) o un club deportivo del que se es miembro; el *grupo homogéneo* está constituido por personas que tienen unas mismas características personales: edad, sexo, situación social... y *el grupo heterogéneo* por personas en las que no se dan coincidencias o cuyas coincidencias son mínimas. En estos últimos hay más riqueza de opiniones y esto favorece el que sean más abiertos.

A esta clasificación de grupos que realiza Tejada (1997) podemos añadir los *grupos espontáneos o libres* y los *grupos impuestos;* los primeros son aquellos que se forman porque sus componentes creen que, uniéndose o asociándose, van a obtener algún tipo de satisfacción, se basan en elecciones interpersonales voluntarias y en procesos de consentimiento mutuo que determinan su composición y en los que todos son aceptados. Los grupos impuestos son aquellos que se forman deliberadamente, y en los que dos o más de sus componentes confían en poder lograr algunos de los propósitos que, de otra manera, no serían posibles.

De forma que, esquemáticamente, nuestra clasificación quedaría así:

Cómo se pueden clasificar los grupos

- Grupos primarios.
- Grupos secundarios
- Grupos homogéneos.
- Grupos heterogéneos.
- Grupos impuestos.
- Grupos espontáneos o libres.

Aun así, la clasificación queda abierta a otros criterios atendiendo:

1. *Al tiempo* en que las personas están reunidas; los grupos pueden ser:

   - Momentáneos: su duración es efímera o coyuntural.
   - Duraderos: su duración es permanente o más prolongada.

2. *Al propósito* que impulsa a las personas a reunirse en grupo; éstos pueden ser:

   - Casuales: se forman por mera coincidencia.
   - Intencionales: la gente está allí porque se lo ha propuesto.

3. *Al número de miembros*; pueden dividirse en:

- Pequeños: menos de quince miembros.
- Medianos: de quince a treinta miembros.
- Grandes: más de treinta miembros.

4. *A su estructura vivencial*; pueden ser:

- Teóricos: se reúnen principalmente para adquirir conocimientos e intercambiar información. Por ejemplo: tertulias de café...
- Prácticos: se reúnen con el objetivo de resolver problemas concretos de acción colectiva. Por ejemplo: consejo de administración.
- Éticos: el objetivo es obtener la modificación de la conducta individual o grupal. Por ejemplo: cámara de diputados.
- Estéticos: tienen como objetivo la diversión, el recreo o esparcimiento de los miembros. Por ejemplo: un centro artístico.

5. *Al tipo de interrelación* existente entre los miembros de los grupos; pueden ser:

- Anárquicos: se caracterizan por su falta de organización. El número de miembros no está claramente definido, la periodicidad es variable, la asistencia asidua no se considera obligatoria. El horario de las reuniones es elástico y la puntualidad carece de importancia. Su tamaño suele ser mediano y su estructura vivencial suele ser teórica o estética. Poco apropiados para llevar a cabo cualquier objetivo práctico.
- Autocráticos: están perfectamente organizados y poseen clara visión de sus fines, generalmente se resisten al cambio (la organización) y poseen una minuciosa legislación interior. Son fundados o

están dominados por un individuo o camarilla de poder. La ideología oficial se acepta por su origen, no por su valor intrínseco. Generalmente, se aprueban las mociones propuestas por el líder. Son, en general, eficientes, pero cerrados a la innovación.

- Democráticos: se crean sobre la confianza en la dignidad y capacidad humana de todos y cada uno de sus miembros. Todos ellos tienen la facultad de localizar, definir y resolver los problemas que plantea la consecución de sus fines comunes. La acción del grupo emana del consenso general, logrado mediante la participación de todos los integrantes. Las ideas se valoran por su mérito intrínseco y por su conveniencia para el logro de la meta que el grupo propone. El *jefe*, que puede serlo por turno, se transforma en coordinador de la discusión y decisiones comunes.

3.4. ¿Cómo se desarrolla un grupo?

Basándonos en el modelo de la *Ventana de Johari* de Lufth (1973) y en las aportaciones de Tejada (1997) vamos a explicar cómo se desarrolla un grupo o, en la terminología de otros autores, nos referimos al *«proceso grupal»*.

En palabras de Tejada (1997) la *Ventana de Johari* representa el conjunto de relaciones y de información que puede establecerse entre el individuo y los distintos miembros del grupo. Fritzen (1987) señala que este modelo es como una ventana de comunicación a través de la que una persona da o recibe información sobre sí misma o sobre otras personas.

El modelo, gráficamente representado en la figura 3.1, aparece en forma de cuadrado dividido por dos ejes, uno vertical y otro horizontal, del que resultan cuatro cuadran-

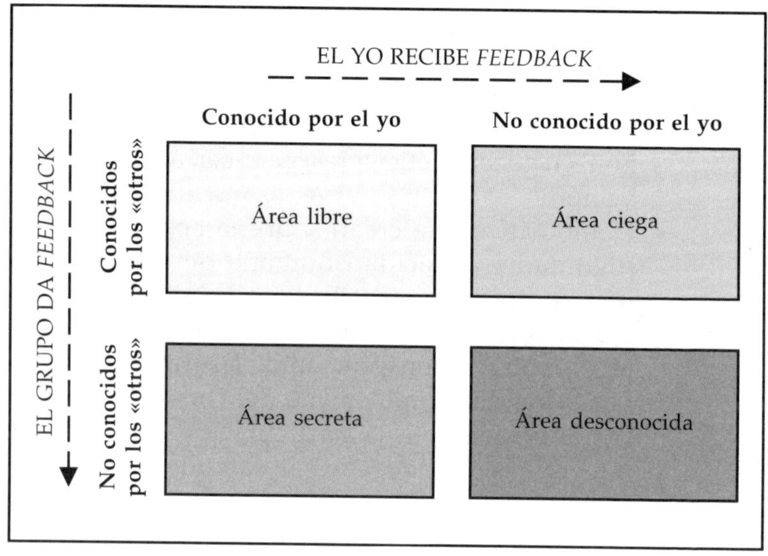

Figura 3.1.—Modelo de la *Ventana de Johari* (Fritzen, 1987).

tes más pequeños, que quedan agrupados, como podemos ver en el esquema, en la columna de la izquierda por *«lo conocido por el yo»* y, en la de la derecha, por *«lo no conocido por el yo»*.

En este modelo, las columnas representan el *«yo»* y las filas representan el *«grupo»*. Fritzen (1987), textualmente dirá que la primera columna contiene *«lo que yo sé respecto de mí»*; la segunda *«lo que desconozco respecto de mí»*; la fila superior contiene *«lo que los demás (el grupo) saben respecto de mí»*; y la fila inferior contiene *«lo que el grupo desconoce respecto de mí»*. Las informaciones contenidas en dichas filas y columnas no son estáticas, sino que se desplazan de un cuadrante a otro, en la medida en que el grupo va creciendo y madurando (mayor confianza, mayor intercambio de comunicación...) Como resultado de dichos movimientos, el tamaño y el formato de los respectivos cuadrantes experimentarán otras tantas modificaciones en el interior de la ventana.

Si analizamos los distintos cuadrantes o áreas, concluimos lo siguiente:

Área libre.   Corresponde a los conocimientos y experiencias (comportamientos y motivaciones) conocidos por la propia persona y por los demás. Su principal característica es el intercambio libre de información entre el yo y los demás, con un comportamiento que es público, para todos. Ésta área va aumentando conforme el nivel de confianza entre los participantes va creciendo, así como cuando se comparten más informaciones de carácter personal.

Área ciega.   Contiene información respecto al yo, que es desconocida por nosotros mismos pero conocida por los demás. Es lo que los demás ven en nosotros en nuestro quehacer diario, pero que, inconscientemente, nosotros ignoramos.

Área oculta (privada o secreta).   Contiene aquella información desconocida para los demás pero que uno sabe sobre sí mismo. Es aquello que ocultamos o no revelamos a los demás, quizá por miedo al rechazo, o a quedarnos marginados o, tal vez, por no querer que se nos juzgue, o simplemente en el intento de controlar o manipular a los demás.

Área desconocida.   Corresponde a aquella información, comportamientos o motivos que desconoce la propia persona, y que desconocen también los demás. Es el área que representa nuestro aspecto desconocido o sin descubrir, que quizá con el tiempo pueda aflorar a lo consciente del grupo.

La configuración de todas estas áreas (Tejada, 1997) constituye el proceso del desarrollo grupal. Este modelo representa las diferencias existentes entre los diferentes cuadrantes o áreas, con la finalidad de mejorar las relaciones interpersonales, el conocimiento de uno mismo (auto-concepto) y el de los demás (autoestima).

En una primera fase de constitución o configuración de un grupo (fase de nacimiento o inicio) el área libre está muy reducida, debido a que los componentes del grupo no han establecido todavía las suficientes relaciones interpersonales, no están claramente definidos los objetivos y las normas del grupo y, por tanto, el nivel de espontaneidad es muy escaso.

El área secreta o privada es la más amplia en esta fase inicial, debido a que no nos hemos abierto a los demás, y viceversa, por lo que todavía tenemos informaciones y comportamientos que no se han revelado.

De la misma forma, el área ciega en esta etapa es amplia, puesto que los distintos miembros y componentes del grupo se limitan a observarse mutuamente.

Por último, el área desconocida permanece igual en cualquiera de las fases en que nos encontremos, porque corresponde a lo desconocido por nosotros mismos y por los demás.

La «*ventana ideal*» sería aquella en la que el área libre es más amplia, pues denotaría que se han establecido buenas relaciones y un óptimo nivel de confianza entre los miembros del grupo. Esto es lo que ocurre en las demás etapas o fases por las que atraviesa un grupo, como pueden ser la de crecimiento o desarrollo (identificación) y, sobre todo, en la de maduración e integración del grupo. Quedaría representada como aparece en el gráfico de la figura 3.2.

De este modo, cuando el área libre es amplia los componentes se comprometen a cohesionarse como grupo y a aceptar las diferencias individuales existentes, favoreciendo esto a la eficacia y productividad grupal.

El modelo de la *Ventana de Johari* permite explicar la constitución y configuración de un grupo mediante unas etapas o fases que más adelante describiremos.

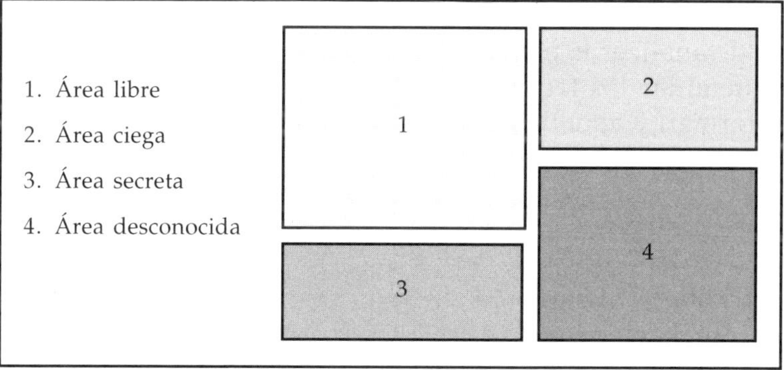

Figura 3.2.—Modelo de la ventana ideal.

3.5. ¿Cuál es la estructura de un grupo?

Si importante es conocer el desarrollo grupal, también lo es entender su estructura —considerando ésta como *«una configuración relativamente estable que conforma las relaciones existentes entre los miembros en el seno del grupo»* (Tejada, 1997)— y los distintos niveles de funcionamiento del mismo.

Para este autor, la estructura grupal es el resultado de la influencia de dos circunstancias propias de todo grupo. Por tanto, la estructura grupal está condicionada por dos factores:

- La intención de crear relaciones con los demás, teniendo en cuenta las diferencias individuales (la diversidad del grupo).
- La necesidad de crear relaciones para conseguir las metas y objetivos grupales.

Por tanto, la estructura grupal está condicionada por dos factores:

- El contacto interno.
- La especialización de roles.

Estos motivos hacen que una de las formas más frecuentes de analizar la estructura del grupo sea la que se basa en contemplar los factores manifiestos o explícitos (estructura formal) y aquellos otros implícitos o latentes (estructura informal).

Estructura grupal (Tejada, 1997)

- Estructura formal.

  Factores manifiestos o explícitos: tamaño del grupo, distribución física, tareas.

- Estructura informal.

  Factores implícitos o latentes: relaciones afectivas, valores, roles.

Para este autor, la estructura formal es la organización jerárquica y funcional del grupo, que tiene un carácter oficial y obligatorio, y que posee las siguientes características:

Características

- Es relativa a los objetivos del grupo y define unas funciones en relación con los mismos.
- Al insertarse en la estructura formal, todo individuo se encuentra investido necesariamente de una posición social, de un estatuto oficial, de un papel.
- Por su papel y estatus, el individuo está en el centro de un sistema de exigencias y esperanzas, de él respecto a los demás y de los demás respecto a él (conductas interpersonales).

Igualmente, define la *estructura informal* como aquella que late en la sombra de la formal, para compensar, contemplar o anular su rigidez. Ésta hace referencia a las relaciones afectivas que se establecen entre los distintos componentes del grupo. Para Tejada (1997), esta estructura tiene que considerar cuatro variables o elementos:

Elementos

- Estructura latente en sí misma (normas y valores): la realidad afectiva o cognoscitiva que representa para cada miembro.
- Los roles o papeles a desempeñar, que están en función de las expectativas, funciones y composición social.
- Tensiones internas: estado emocional latente que perturba el ambiente.
- Cohesión y disociación de los grupos: que se basa en la potenciación de lazos de pertenencia de sus miembros.

A estas dos estructuras, Brunet y Negro (1988) les añaden los dos niveles de funcionamiento de los grupos, un nivel intelectual o de tarea, que es el nivel consciente del grupo y que viene a coincidir con la estructura formal, y otro nivel afectivo o socioemocional, que no siempre es consciente y afecta al crecimiento del grupo y corresponde a la estructura informal o latente.

Niveles de funcionamiento de un grupo (Brunet y Negro, 1988)

- Nivel de tarea o intelectual ⇨ estructura formal.
- Nivel afectivo o socioemocional ⇨ estructura informal.

Otros autores señalan tres niveles de funcionamiento:

Otros niveles de funcionamiento

- Nivel de contenido: definido por el objetivo común, y que determina la naturaleza y estructura del grupo.
- Nivel de procedimiento: definido por la organización de recursos internos del grupo (normas).
- Nivel socioafectivo: definido por las relaciones afectivas, los comportamientos y las actitudes.

Como puede deducirse, la estructura oficial de todo grupo es lo *que «presenta o parece»*, y esto es lo que constituye la estructura formal; sin embargo, lo que realmente es un grupo es la estructura informal, es decir, lo que a nivel interno sucede en el mismo.

3.6. ¿Cuáles son las etapas o fases por las que pasa un grupo?

Una vez tratadas la estructura y desarrollo grupal, el siguiente paso consiste en describir las distintas etapas por las que pasa un grupo. En este sentido, Benavent (1987) entiende el proceso grupal *«como la sucesión de fases por las que atraviesa un grupo en su continua dinámica y transformación, desde que se constituye e inicia su trabajo hasta que se disuelve»*.

En la bibliografía consultada sobre el proceso grupal, vemos que se ofrecen múltiples opiniones y propuestas sobre las etapas que atraviesa el grupo. No obstante, y de forma genérica, podemos señalar tres:

Etapas o fases del grupo

- Etapa de nacimiento, inicio o individual.
- Etapa de crecimiento, identificación o desarrollo.
- Etapa de maduración, integración y cohesión.

Así y en el intento de clarificar estas fases procedemos a señalar algunas de sus características. De este modo:

a) Etapa de nacimiento, inicio o individual

En esta etapa, tanto en el dominio interpersonal, como en el dominio del trabajo, hay una marcada búsqueda de orientación e información. Esta etapa es marcadamente de tanteo y presenta, entre otras, las siguientes características:

— Como los individuos no se conocen entre sí, la conducta de los miembros está centrada en el individualismo. La situación se presenta como nueva y sin estructura, por lo que los miembros tratan de descubrir qué conductas serán aceptables en el grupo, cuál será su estructura y cuáles sus límites.
— La participación tiende a ser, por lo general, vacilante, buscando apoyo y guía, tanteo y prueba.
— Los problemas latentes son generalmente problemas de inclusión.
— En el campo de las tareas se presentan características que se corresponden con las anteriores:

  • Los miembros intentan identificar la tarea en términos de su propia experiencia y de las expectativas que llevan. Se preguntan cómo será utilizada la experiencia en grupo para el logro y éxito en la tarea.
  • Los problemas se centran, por lo general, en la necesidad de orientación.

En esta fase, los comportamientos comúnmente adoptados por los componentes de un grupo son:

Comportamientos en la etapa de nacimiento, inicial o individualista
• Búsqueda de orientación e información. • Conducta centralizada individualmente. • Intento de descubrir conductas aceptadas por el grupo. • Participación vacilante buscando apoyo. • Establecimiento de normas por las que se regirá el grupo. • El sujeto no sabe qué lugar ocupa en el grupo.

*b) La etapa de crecimiento e identificación de los miembros
y desarrollo*

Esta etapa se caracteriza por una progresiva toma de conciencia o interiorización de la situación frente a la cual los individuos empiezan a tomar distancia, lo que les permitirá, por un lado, evaluar lo que sucede y, por otro, dejar de centrar la conducta en sí mismos.

Es algo así como un *«deshielo»* que, potencialmente, es conflictivo. Algunos individuos, antes de integrarse o de sentirse realmente afectados, intentan poner a prueba más a fondo el contexto general en que se hallan.

Lo más probable, en el dominio interpersonal, es la tendencia a formar subgrupos. Los miembros empiezan a percibirse a sí mismos y a los otros de una manera más definida: se perfilan los aislados, los líderes, los conformistas, etc.; y en lo que respecta al grupo, las pautas de comunicación suelen ser incompletas, acompañadas de un sentimiento de distancia, defensa, o, por el contrario, de imposición de puntos de vista.

Tiene lugar, pues, una progresiva personalización de cada uno de los miembros: como son, cómo tienden a comportarse, etc.; y una progresiva evaluación de su conducta.

Los comportamientos más comunes en esta etapa son los siguientes:

Comportamientos en esta etapa
• Toma progresiva de conciencia e interiorización de la situación. • Se deja de centrar la conducta en sí mismo. • Mayor apertura hacia el exterior. • Tendencia a formar subgrupos.

c) *La etapa de maduración y de integración o etapa de cohesión del grupo*

En esta etapa el grupo está cohesionado, es decir, existe un grado de atracción que los miembros sienten hacia el grupo y una conciencia del «*nosotros*». Estas características, inicialmente, implican un alto grado de colaboración entre los miembros unido a un sentido crítico, claro y abierto respecto a las tareas. Pero, y quizá sea importante destacarlo, el «*nosotros*» sólo tiene un valor real en la medida en que se respeta el yo individual.

De forma esquemática, los comportamientos más comunes de esta etapa de maduración son:

<table>
<tr><td>Comportamientos en esta etapa</td></tr>
<tr><td>

• Comportamientos en la etapa de maduración, integración y cohesión.
• Se adquiere conciencia del «*nosotros*» y se destierra el «*yo*».
• Colaboración entre los miembros.
• Sentimiento crítico, claro y abierto.
• Aumento de la eficacia y del rendimiento.

</td></tr>
</table>

Algunos autores se refieren también a esas fases del proceso y desarrollo grupal haciendo hincapié tanto en el papel a jugar por el grupo al aprender a enfrentarse a nuevos problemas y al desarrollar nuevas habilidades y actitudes, como en la adecuada intervención del animador-coordinador. Es el caso de Pallarés (1990) cuando señala la existencia de cinco etapas en todo proceso grupal:

Etapa I. *Orientación*

Se corresponde con el primer día la vida de un grupo en el que los participantes se enfrentan a una serie de interrogantes. ¿Cómo se presentará esta nueva situación?, ¿qué deberán hacer?, ¿cómo serán clasificados?, ¿cómo les tratará el animador?, ¿y los otros alumnos?, ¿cómo encajan en este grupo?

El desarrollo grupal en esta etapa exige dos intervenciones por parte del animador-coordinador: dejar bien sentado lo que se espera de los participantes y la forma en que se van a desarrollar las sesiones y favorecer el mutuo conocimiento de los miembros.

En esta etapa resulta aconsejable utilizar técnicas de presentación y creación de ambientes, con el objeto de poner en marcha el grupo, avanzar en su constitución cuando aún no se conocen los miembros y crear un clima o ambiente favorable para el buen funcionamiento grupal.

Etapa II.   *Establecimiento de normas*

Se corresponde con los días siguientes en los que los participantes van estableciendo las normas que regirán la conducta del grupo.

Las intervenciones del animador deben asegurar que las normas que lleguen a establecerse sean las más eficaces para el grupo. Entre las que Pallarés (1990) destaca como más significativas están las siguientes:

a)   *Responsabilidad grupal.*   La primera norma es que el grupo se responsabilice de su propio funcionamiento, que cada miembro se haga responsable de su propia contribución a la actividad grupal, así como de que los demás también contribuyan. El liderazgo se distribuye entre los miembros del grupo a medida que éstos asumen dichas responsabilidades. A partir de este momento el grupo empieza a trabajar sin necesidad de que el animador supervise directamente la tarea.

b) *Responder a los demás.* La segunda norma que se establece muy pronto es una mutua relación entre los participantes, de forma que dialoguen y se respondan entre sí.

En una clase tradicional, el diálogo se establece entre los alumnos y el educador. Cuando los alumnos dialogan entre sí se considera tiempo perdido y se mira como una disrupción del ritmo de trabajo. A medida que el grupo establece la norma de *«escucharse y responderse mutuamente»*, el diálogo se establece entre los mismos participantes. La intervención del animador viene a ser una más dentro del grupo. Para que esto sea posible, todos los miembros deben aprender a valorar los comentarios y las ideas de sus compañeros.

c) *Cooperación.* La tercera norma es que los alumnos cooperen en lugar de competir. A pesar de que la escuela tradicional está fundada en la competición, no hay efectividad sin una cooperación madura.

d) *Toma de decisiones mediante acuerdo.* Es necesario esforzarse para llegar a una decisión grupal que puedan apoyar todos los miembros. Tradicionalmente, la mayoría manda y la minoría se ve obligada a acomodarse a una decisión por la que no experimenta ningún interés. Es preciso tender al acuerdo —no siempre posible—, de modo que todos los miembros tengan en cuenta unas ideas que al principio no se aceptaban, y vean las opiniones ajenas como algo digno de atención, para que sea posible llegar a un compromiso cuando surja el conflicto.

e) *Enfrentarse con los propios problemas.* La madurez de un individuo y de un grupo se caracteriza por la voluntad firme de afrontar los problemas. En un grupo maduro los miembros no ignoran los problemas, sino que intentan analizar lo que pasa, tratando de salvar las deficiencias y resolver las dificultades.

En esta etapa se emplean técnicas de establecimiento de normas, de profundización y de conocimiento, cuyo objetivo es ayudar al grupo a madurar y a convertirse en eficiente a través de la responsabilidad grupal, la respuesta a los demás, la cooperación, la toma de decisiones y el encaramiento de problemas, para así avanzar en el conocimiento que tenemos de nosotros mismos y de los demás.

Etapa III.   *Solución de conflictos*

Cuando el grupo llega a una comunicación más abierta y directa es muy común que aumenten los conflictos interpersonales. El animador debe estar preparado para evitar el desacuerdo y para favorecer en los participantes la mutua comprensión de sus sentimientos y modos de actuar, de forma que vayan descubriendo formas constructivas en la solución de sus propios conflictos.

En esta etapa resultan adecuadas las técnicas de resolución de problemas y de acción grupal, con el objetivo de favorecer que la interacción entre los miembros del grupo se haga más sólida para, así, ayudar constructivamente a la resolución de problemas, de forma que el grupo funcione adecuadamente y desarrolle la capacidad y responsabilidad para encontrar soluciones satisfactorias.

Etapa IV.   *Eficiencia*

En esta etapa existe, ya, un profundo sentido de identidad grupal. El grupo desarrolla su creatividad y su eficiencia, tanto en la realización de sus proyectos como en la satisfacción de las necesidades afectivas de sus miembros. El grado de cohesión aumenta: se sienten realmente grupo. Con ello no desaparecen los problemas, pero el grupo los afronta: lo mismo plantea la realización de sus trabajos que los originados por las relaciones interpersonales.

En esta etapa resultan adecuadas las técnicas de evaluación para analizar, evaluar y estimar la marcha del grupo, los avances y los progresos, así como los posibles errores cometidos que disminuyan la capacidad de evolucionar como grupo.

Etapa V. *Final*

Cuando se llega a esta etapa, todo grupo sabe que su vida queda muy limitada en el tiempo. Si solamente ha constituido una masa —no un grupo—, sus miembros se separan con un sentimiento de alivio o de indiferencia. En el caso de haber llegado a formar un grupo, puede ser éste un momento de dificultad emocional, tanto para los participantes como para el animador. Para este último, su función residirá en impulsar a los miembros para que no se detengan en la separación, sino que avancen hacia adelante a través de nuevas experiencias.

En esta última etapa resultan adecuadas las técnicas y/o dinámicas para finalizar, con el fin de revisar todos los acontecimientos que han ocurrido a lo largo de las fases del desarrollo grupal.

3.7. ¿Qué roles pueden desempeñarse en un grupo?

No todos los miembros de un grupo se comportan del mismo modo, es decir, no todos desempeñarán los mismos roles dentro del mismo. El animador, coordinador, docente... que trabaja con grupos tiene que tener presente que el rol desempeñado por un individuo en el grupo proviene de su propia iniciativa.

La expectativa del grupo puede influir en la adopción de un rol, esto es, el rol aquí sería la conducta particular que el grupo espera del individuo; o, en otras palabras, podríamos decir que aquél se siente obligado a asumir el papel que el grupo estima que ha de representar.

Esta expectativa de rol también afecta al grupo. Un subgrupo dentro de una clase puede haber concebido un arraigado sentimiento de cómo se espera que actúe, lo que, sin duda, influirá en su establecimiento de relaciones con el grupo y también con el animador.

En definitiva, una característica de los grupos consiste en que cada uno de sus miembros desempeña roles o funciones. En el análisis de los roles funcionales de los miembros de un grupo se establecen tres grandes categorías (Sbandin, 1977):

Categorías de roles (Sbandin, 1977)

- Roles para la tarea del grupo.
- Roles de constitución y mantenimiento.
- Roles individuales.

Pasamos, a continuación, a detallar cada una de estas categorías:

1. *Roles para la tarea del grupo.* Su propósito es facilitar y coordinar los esfuerzos del grupo relacionados con la meta del mismo. Tan necesario es que todos los roles sean desempeñados por todos los miembros como que vayan evolucionando conforme lo hace el grupo. Dentro de esta categoría se encuentran:

<table>
<tr><td align="center">*Roles para la tarea del grupo*</td></tr>
<tr><td>

- Iniciador-contribuyente: es el que propone al grupo nuevas ideas o formas diferentes de ver el objeto o problema del grupo.
- Indagador de opiniones: realiza preguntas para aclarar los valores que conciernen a lo que el grupo está haciendo.
- Opinante: expresa oportunamente su creencia y opinión relativa a una sugerencia o sugerencias alternativas.
- Coordinador: muestra o clarifica la relación entre las diferentes sugerencias.
- Estimulador-dinamizador: intenta estimular el grupo a la acción o a la decisión.
- Secretario: anota las sugerencias, lleva un registro de las decisiones y del resultado de las discusiones del grupo.
- Indagador de información: pregunta para obtener información autorizada y hechos pertinentes al problema que se discute.
- Informante: ofrece hechos o generalizaciones, relacionando su experiencia con el problema que trata el grupo.
- Elaborador: explica sugerencias en términos de ejemplo o significados ya desarrollados.
- Orientador: define la posición del grupo respecto a sus objetivos.
- Crítico-evaluador: supedita las realizaciones del grupo a alguna norma o serie de normas de funcionamiento en el contexto de la tarea.
- Técnico en procedimientos: acelera el funcionamiento del grupo realizando tareas de rutina.

</td></tr>
</table>

2. *Roles de constitución y mantenimiento del grupo.* Relacionados con la composición social del grupo. El objetivo de estos roles es estimular o facilitar las relaciones sociales, manteniendo la forma de trabajo y fortaleciendo, regulando y perpetuando al grupo, en tanto que tal. Dentro de esta categoría encontramos esta relación de roles:

Roles de constitución y mantenimiento

- Animador o estimulante: elogia, está de acuerdo y acepta la contribución de los demás. Expresa comprensión y aceptación de otros puntos de vista.
- Conciliador: intenta conciliar desacuerdos, mitiga o reduce la tensión en situaciones de conflicto.
- Transigente: opera desde dentro de un conflicto en donde su idea y oposición están involucradas.
- Facilitador: intenta mantener abiertos los canales de comunicación, estimulando o facilitando la participación.
- Legislador o fijador de normas: expresa normas e intenta aplicarlas al funcionamiento del grupo.
- Observador o comentarista: lleva registro de los diferentes aspectos y cuestiones del grupo.
- Seguidor: sigue al grupo de forma más o menos pasiva, aceptando el lugar de espectador en la discusión y decisión del grupo.

---

3.   *Roles individuales o relacionados con las necesidades individuales dentro del grupo.*   Estos roles, normalmente, son asumidos por un miembro del grupo para satisfacer alguna necesidad individual, personal o alcanzar una meta que no se relaciona ni con la tarea del grupo ni con el mantenimiento del mismo como tal. Aquí encontramos:

<table>
<tr><td align="center">*Roles individuales*</td></tr>
<tr><td>

- Agresor: opera de diversas formas (atacando al grupo, burlándose agresivamente...)
- Confesante: utiliza la oportunidad que proporciona el ambiente del grupo para expresar sus sentimientos e ideología, sin interés para el grupo en tanto que tal.
- Dominador: intenta hacer sentir su autoridad o superioridad, manipulando al grupo o a alguno de sus miembros.
- Buscador de ayuda: intenta atraerse la simpatía de los demás mediante expresiones de inseguridad, confusión personal o desprecio de sí mismo.
- Francotirador: busca o espera los errores de los demás para satisfacer una necesidad propia.
- Monopolizador: suele aparentar una gran necesidad de categoría, aunque con frecuencia es inseguro, pese a su actitud externa.
- Obstructor: es aquel que suele mostrarse negativo y tercamente resistente
- Mundano: hace alarde de su falta de compromiso en los progresos del grupo, en forma de cinismo e indiferencia.
- Buscador de reconocimiento: suele actuar vanagloriándose o exhibiéndose para llamar la atención del grupo sobre sí mismo.
- Defensor de intereses especiales: generalmente oculta sus propios prejuicios en el estereotipo que colma mejor su necesidad personal.
- Mudo: es el que permanece callado la mayor parte del tiempo.

</td></tr>
</table>

Como se ha dicho y para cerrar este tercer capítulo, es en la estructura implícita o latente en la que tienen cabida los roles grupales, porque es en ella en la que se establecen las relaciones de comunicación informal. En este sentido, Muchielli (1984) señala que el rol es la consecuencia de una serie de factores:

Factores

- El papel que una persona ha decidido desempeñar en el grupo.
- El papel que cree haber desempeñado.
- El papel que otro espera de él.
- El papel que le imponen.
- El papel que realmente ha desempeñado.

Resumen

Cualquier quehacer profesional necesita de un sustrato teórico para su eficaz desarrollo en la praxis diaria, por esta razón todo animador, coordinador de un grupo social, educativo, cultural... necesita conocer algunos aspectos básicos y fundamentales sobre las características, elementos, atributos, funcionamiento, estructura, procesos y fases de los grupos para poder emprender la tarea de trabajar de forma cooperativa y grupal.

Es nuestra intención la de dotar al lector, no sólo de técnicas y sesiones prácticas, sino también la de ofrecer un conocimiento somero, básico e imprescindible, para abordar la dinámica y proceso grupal tan actual, hoy día, en una sociedad tecnológica en la que se ha apostado muy fuerte por el trabajo cooperativo en pro de una mayor calidad y satisfacción personal.

4

El trabajo en grupo y sus aplicaciones prácticas

4.1. Introducción: el paso de la intención a la práctica

El capítulo que iniciamos con estas líneas está orientado hacia la práctica socioeducativa, e intenta desarrollar una serie de técnicas de trabajo grupal que, articuladas en una misma dirección, orientarán el aprendizaje hacia un objetivo predeterminado, propio de la formación, entendida ésta tanto desde los ámbitos formales como desde los no formales.

Para el desarrollo de estas sesiones, es importante partir de una situación educativa y, por tanto, de una interacción entre educador y educando. En un intento de encuadrar el método de trabajo grupal en un contexto de aprendizaje, nos remitimos a Nickerson, Perkins y Smith (1987), cuando afirman que *«lo más importante es que se concibió para la idea de que cada lección debería implicar la interacción entre el profesor y los alumnos, y de que hay que estimular y reforzar a lo largo de todo el curso la participación activa de los alumnos»*. Si bien el método al que se refieren Nickerson, Perkins y Smith es el programa de inteligencia de la Universidad de Harvard, también es cierto que estas palabras reflejan la actualidad y el trasfondo de las técnicas de trabajo grupal en el marco de realidad educativa de hoy en día.

Realmente, esta estrategia, más que un fin, como ha sido considerada por muchos sectores educativos, es un medio; un medio de estimular y facilitar el aprendizaje, a través de cambios de dinámicas y ritmos, a través de experiencias ricas y bajo las normas de la interacción social; en definitiva, un medio que, sin pretender ser una panacea metodológica, es un recurso útil en manos del educador que puede llegar a hacer realidad la utopía educativa de la letra sin dolor, una forma de aprender que escape a la amenaza del aburrimiento, que enriquezca la enseñanza sin caer en el servilismo de la tecnología.

Las técnicas de trabajo en grupo pueden ofrecer un prisma distinto a la práctica educativa, alejándose y complementando los métodos tradicional y tecnológico. Tiene en común con la aplicación de tecnología a los procesos de enseñanza-aprendizaje el que es una estrategia distinta a la tradicional, que no basa su desarrollo didáctico en el educador como único referente del proceso de aprendizaje. Y se asemeja a la estrategia tradicional al plantear la interacción directa entre educador y educando, sin elementos que mediaticen la relación. Hechos éstos por los que podemos afirmar que la estrategia que abordamos puede y debe ser complementaria a estas dos mencionadas.

Ahora bien, en los dos métodos de referencia (tradicional y tecnológico) se plantea una relación asimétrica entre los personajes de la situación educativa, en la que el educador es el organizador, planificador, director y, en definitiva, el responsable del proceso, tanto a nivel de decisiones como de procesos. En cambio, desde las estrategias de técnicas de trabajo grupal, se propone un cambio sustancial de esta situación, al recaer en el formador las tareas de planificación y control, pasando al grupo las decisiones y los procesos y, así, permitir una mayor participación de todos los implicados en los procesos educativos del proceso de enseñanza-aprendizaje. Sin duda, la responsabilidad de cada uno de los participantes del proceso variará en función del nivel socioeducativo para el que se planifique, siendo mayor la intervención de los educandos cuanto mayor sea el nivel socioeducativo en el que participan. Por ello, podemos afirmar que la esencia de las técnicas de trabajo en grupo se asienta en la perspectiva más vanguardista, al conceptualizar el fenómeno educativo como una relación bidireccional, en la que el educador es facilitador y colaborador en el aprendizaje del que son responsables directos los educandos.

Nuestra finalidad no es proporcionar prácticas formativas, sino facilitar y promover un tipo de práctica en la que se apliquen estas estrategias a contenidos curriculares que, por su naturaleza, han optado por métodos más tradicionales. Así, al finalizar este texto, esperamos que el educador/formador haya dejado atrás una serie de cuestiones tales como: «*¿y cómo aplico esto a mis contenidos?*», «*esto es más para las letras*», «*para entretener o descansar de las explicaciones está bien, pero nada más*», «*esto es sólo para el desarrollo de las transversales*»..., y demás comentarios que surgen alrededor de la aplicación de las técnicas de trabajo grupal a contextos formativos. A este respecto, debemos partir de la actual legislación educativa, cuando sitúa las capacidades como finalidades de la educación, y no sólo los resultados o los procesos, como en otras épocas. Así, al perseguir el logro de una capacidad, podemos centrarnos en el proceso para que éste sea realmente significativo y se adquieran, de este modo, conceptos y principios fundamentales y útiles para el desarrollo personal y social del alumno.

Pero, al intentar resolver la incertidumbre de estas observaciones, tampoco queremos caer en plantear un desarrollo cerrado, preparado para su aplicación a los contextos formativos, pues, con las sesiones que se adjuntan, no pretendemos proporcionar un «*recetario*» didáctico de técnicas de trabajo grupal, sino que nuestra intención es mostrar, con una serie de ejemplos, cómo articular estas técnicas alrededor de uno o varios objetivos, a fin de adquirirlos significativa y permanentemente.

Por último, queremos resaltar que las técnicas de trabajo en grupo son una estrategia a la que el docente o el educador tiene la responsabilidad de otorgarle dirección e intensidad, en función de los objetivos que se persigan en cada momento, como una parte más de las tareas de planificación que lleva a cabo en su quehacer profesional. A pesar de no ser una tarea tan sencilla como parece a simple vista, puesto que el tiempo y esfuerzo invertidos en su diseño son mayores que los empleados en otros tipos de métodos, sus resultados pueden ser ampliamente gratificantes, tanto para los participantes como para los formadores, lo que, quizá, puede contribuir a configurar un nuevo paisaje en el que las técnicas de grupo se erijan como bastión alternativo de las prácticas formativas que se desarrollan en el actual panorama educativo.

4.2. Sesiones de carácter socioeducativo

La aplicación práctica más frecuente de las técnicas de trabajo en grupo a las distintas realidades socioeducativas se basa en la consecución de un buen clima, mejorar las relaciones interpersonales y la resolución de los *conflictos* (entendidos como las posibles diferencias existentes entre los miembros del grupo). En esta línea encontramos numerosos textos (Pallarés, 1990; Fabra, 1994; Fritzen, 1994; Shaw, 1989; Simon y Albert, 1991; etc.) útiles, sin duda, que nos ofrecen una serie de actividades concretas, basadas en una *«técnica de grupo»*, que proporcionan una clasificación razonada de las distintas *«técnicas»* mencionadas e indican la utilidad de las mismas para un tipo de problema concreto.

En nuestra opinión, el esfuerzo de estos autores por sistematizar la aplicación de las técnicas de trabajo en grupo supuso un avance favorecedor para la introducción de esta metodología en los ámbitos de la práctica educativa; sin embargo, hoy en día, las posibilidades de estas técnicas parecen más variadas, dependiendo de los objetivos a lograr y de las características del grupo, por lo que nuestra propuesta es el desarrollo de sesiones, más complejas que la sistematicidad de las técnicas de grupo, sin perder el referente que éstas suponen para la planificación de los fenómenos socioeducativos.

4.2.1. Resolución de conflictos

Introducción

Un conflicto no tiene que ser una situación *«irreconciliable»* sino que puede ser simplemente un punto de vista distinto al de otra/s persona/s que nos lleva a hablar, debatir o ponernos de acuerdo con el otro, no con la finalidad de llegar a imponer mi solución, sino la solución que creemos más adecuada para el colectivo; se intenta buscar la mejor solución, pero, en caso de no ser posible, intentaríamos conseguir los objetivos o finalidades comunes a través de la solución menos *«mala»* o menos *«conflictiva»* para el grupo y/o colectivo.

Objetivo/s

1. Tomar decisiones a nivel individual, pequeño y gran grupo.
2. Ser conscientes de las distintas soluciones, posturas o alternativas que se pueden tomar a la hora de resolver situaciones problemáticas.

Materiales

Se le entrega a cada uno de los miembros de los distintos grupos una fotocopia con los cuatro casos que se adjuntan.

Duración

Al menos 120 minutos.

Lugar

No necesita ningún espacio determinado.

Aplicaciones

Cualquier tipo de colectivo.

Grupo/s

Se *confeccionan los grupos* procurando que no formen parte del mismo personas con una previa afinidad, por ejemplo, amigos íntimos o personas que normalmente se sienten juntos en el grupo; se pueden agrupar, por ejemplo, mediante la técnica del abecedario o mediante la técnica de la numeración correlativa (veánse al final de la sesión).

Desarrollo

Se presentan cuatro situaciones problemáticas[1] con distintas soluciones o alternativas que deben identificarse con uno de estos calificativos:

- *Conciliación.*
- *Imposición.*
- *Integración.*
- *Negación.*
- *Supresión.*

Se *trabaja a nivel individual* durante 15 minutos.

Posteriormente, en *pequeños grupos,* durante 15 minutos aproximadamente, intentamos llegar a una solución consensuada poniéndonos de acuerdo en los calificativos asignados o incluso cambiándolos e intentando asignar

---

[1] Estas situaciones están basadas en las que nos plantea S. J. Fritzen (1987). Unas veces hemos cambiado los personajes, otras las actividades... y otras las hemos respetado tal y como las presenta el autor.

otros que, desde el punto de vista del grupo, sean más adecuados.

Puesta en común: se realiza un gran grupo, se intenta llegar a unas conclusiones sobre distintas alternativas para solucionar *«conflictos»*, se buscan *«calificativos»* (por ejemplo, cinco) identificados por todo el grupo (se dedicarán de 10 a 20 minutos, aproximadamente).

Volvemos al pequeño grupo, durante 15 minutos, e identificamos situaciones problemáticas acordes con los calificativos indicados por el grupo grande (cada grupo elige libremente la situación problemática que considere más oportuna).

Rotamos las situaciones problemáticas, o bien entregamos todos los problemas a todos los grupos, *para que se identifiquen* bajo los parámetros consensuados.

Puesta en común

Consta de dos partes, una ya realizada anteriormente en la parte del desarrollo, y la segunda a desarrollar después de las propuestas realizadas por los grupos.

Evaluación

Consistiría en un estudio comparativo de los casos proporcionados y los casos inventados o sugeridos por los grupos.

Observaciones

El coordinador del grupo, en este caso, no se implica en el trabajo de los grupos, solamente coordina y controla el tiempo de las distintas fases, para ser posteriormente el que dirija las puestas en común del gran grupo.

Posibles definiciones a los calificativos iniciales

Conciliación.   Consiste en explicar la situación problemática y llegar a una solución (¿dentro de una normativa aceptada por todos?).

Fuerza.   Imponer *«una postura»*, obligar a realizar algo. Tomar posturas drásticas, incluso, a veces, abuso de autoridad.

Integración.   Buscar la solución conjuntamente, tendencia al consenso, aunque a veces se tengan que cambiar los fines, objetivos... del grupo, colectivo, etc.

Negación.   *«Pasar de todo»*. No hacer *«caso»*, como si no pasara nada. No dar importancia a las situaciones.

Supresión.   Tratar de eliminar el problema sin importar... Hacer ver que una situación no es *«así»*...

Posibles soluciones

Calificativos	Primer caso	Segundo caso	Tercer caso	Cuarto caso
Conciliación: A	A	B	C	E
Fuerza: B	B	D	E	A
Integración: C	C	A	D	D
Negación: D	D	C	A	B
Supresión: E	E	E	B	C

Primer caso

Alejandro es dueño de una industria de juguetes. Últimamente ha observado que uno de sus empleados, Daniel, suele abandonar su puesto de trabajo durante unos veinte minutos todos los días para ir a otra sección a «charlar» con Antonio, que es su mejor amigo. La producción de Daniel ha disminuido últimamente a causa de las ausencias reiteradas de su puesto de trabajo. Alejandro está preocupado, puesto que piensa que otros empleados podrían hacer lo mismo. Si tú fueses Alejandro, ¿qué harías?:

Respuesta	Opción	Solución
	A	Hablar con Daniel para convencerle de que, si quiere hablar con Antonio, que lo haga solamente durante el tiempo que se dispone para descansar.
	B	Dar instrucciones al jefe de la sección de Daniel para que no permita a éste interrumpir su trabajo y desplazarse a la sección de Antonio.
	C	Tratar de «*pillar*» a Daniel y a Antonio «*in fraganti*» y hacerles comprender su error y el perjuicio que están ocasionándose a sí mismos y a la empresa.
	D	No hacer nada, «*pasar*», por pensar que es una tontería conceder tanta importancia a algo que no la tiene.
	E	Procurar que los demás empleados de la fábrica no hagan lo mismo que Daniel y Antonio, y sigan estando unidos.

Segundo caso

Daniel dirige un centro médico especializado en enferme-dades de alto nivel de contagio. Es una tarea delicada y de gran responsabilidad. Cualquier descuido, cualquier negligencia, por leve que sea, puede resultar fatal. Daniel sospecha que uno de sus jefes de equipo, Alejandro, es adicto a la droga, de lo cual tiene algunos indicios; sin embargo, teme que, si le dice algo, se cree una situación problemática en el centro. Si tú fueses Daniel, ¿qué harías?:

Respuesta	Opción	Solución
	A	Hablar directamente con Alejandro y decirle con toda franqueza lo que se sospecha de él.
	B	Pedirle a Alejandro que no se presente bajo los síntomas de la droga en el centro médico, pues lo que ocurra durante su jornada laboral es responsabilidad suya.
	C	No abordar directamente a Alejandro por temor a que éste tome represalias y ser objeto de su aborrecimiento.
	D	Hacerle ver el perjuicio que le ocasionan las drogas y que, dado que está prohibido su uso, en cuanto se encuentre una prueba será despedido.
	E	Vigilarlo de cerca y tratar de evitar que influya en otros trabajadores del centro.

Tercer caso

Marina es gerente de una fabrica de coches. De vez en cuando, el departamento de personal organiza cursos de adiestramiento con máquinas más sofisticadas, con la finalidad de mejorar la «rapidez de producción». Ahora bien, los empleados no muestran interés por tales cursos. La dirección de la fábrica, por su parte, se ve, pues, en la necesidad de contratar a cuatro empleados más, pero ha decidido también reducir el tiempo de descanso de los empleados y ha empezado a exigir un trabajo más intenso. Si tú fueses Marina, ¿qué harías?:

Respuesta	Opción	Solución
	A	Dejar que las cosas vayan a su aire. Lo más probable es que el tiempo se encargue de superar la «crisis».
	B	Buscar un mejor entendimiento entre la gerencia de la fábrica y los empleados.
	C	Contratar al menos a dos de los cuatro empleados.
	D	Hablar con el departamento de personal para ver el modo de eludir el problema de contratación de nuevos empleados sin reducir la producción ni sobrecargar de trabajo a los empleados actuales.
	E	Hablar con el supervisor de producción (que es el superior inmediato del gerente) para que haga una llamada de advertencia a los empleados del sector de producción.

Cuarto caso

Franki posee un chalet en la playa. Por una serie de motivos, ha decidido venderlo y alquilar otro sólo durante el verano. Lo consulta con su esposa y sus cinco hijos, que se muestran divididos: dos están a favor de la venta; otros dos en contra; la madre y uno de los hijos dejan en manos del padre la solución. Si tú fueses Franki, ¿qué harías?:

Respuesta	Opción	Solución
	A	Vender la casa sin consultar a nadie.
	B	Esperar, porque con el paso del tiempo vendrá la mejor solución.
	C	Decir a la mujer y a los hijos que no dramaticen el asunto, que el problema es de poca importancia.
	D	Reunir a la familia para buscar todos juntos la solución al problema.
	E	Hacer una exposición detallada a la familia de la situación económica y de la orientación que se quiere dar al problema.

ABECEDARIO	
Finalidad	Dividir el «gran grupo» en «n» subgrupos.
Utilidad	Formar pequeños grupos de trabajo buscando su operatividad.

Desarrollo	1. Se contabilizan los miembros del grupo.
	2. Se determina el número de grupos con el que queremos trabajar.
	3. Se le pide a los miembros del grupo que se identifiquen de forma correlativa con una letra del abecedario.
	    Por ejemplo:
	    Si queremos dividir el grupo clase en ocho grupos diríamos a los alumnos que se identificasen con una letra (en este caso sería: A, B, C, D, E, F, G, H, A, B, C, D, E, F, G, H, A, B, C, D, E, F, G, H, A, B, C, D, E, F, G, H, A, B, C, D, E, F, G, H).
	4. Se agrupan todas aquellas personas que tengan la misma letra (así, hemos subdividido una clase de cuarenta personas en ocho grupos de cinco personas.

Materiales	Ninguno.
Tamaño del grupo	Ilimitado.
Tiempo	5 minutos.
Lugar	Cualquier espacio es válido.

Aplicaciones educativas	**Alumnos**	**Docentes**
	• Ayudar a la configuración de subgrupos en situaciones cooperativas.	• Propiciar la formación de pequeños grupos.

Observaciones	Esta técnica también se puede desarrollar con números, el número de grupos estaría en función de las subdivisiones que fuesen necesarias en el colectivo. Otra variante, más sencilla, se puede desarrollar con las vocales, consistiría en dividir el grupo en cinco más pequeños.
Gráfico de comunicación	

4.2.2. Talleres y/o rincones en el aula

Siempre hemos pensado que eran para niños de educación infantil y, en su defecto, para primaria. Nuestra experiencia nos muestra que, en otros ámbitos colectivos sociales, aulas de secundaria y universitaria también son aplicables y que realmente se disfruta *«como niños»* y se aprende como lo que somos, *«personas adultas»*.

No olvidemos que *«el hombre como ser social tiene en el grupo su unidad básica de asociación, unidad que surge de la necesidad y que tiene como objetivo una meta común. Influencias externas e internas modulan la vida del grupo, siendo la comunicación en sus distintas vertientes un factor de especial relevancia como constitutiva de las relaciones existentes en el seno del mismo.*

En el funcionamiento de cualquier grupo de resolución de problemas puede verse facilitada por el seguimiento de una secuencia de pasos en los que la definición del problema, la aportación, selección y evaluación de soluciones, la ejecución de tareas y, finalmente, la retroalimentación o evaluación continua contribuyen a la consecución del objetivo o meta común» (Fuentes, Ayala, De Arce y Galán, 1997: 30).

Estando en la línea de Garzón y Martínez (1989) podríamos decir que lo que pretendemos con el trabajo por rincones o talleres:

1. Es un aprendizaje global que se desarrolla a través de actividades y por descubrimiento, donde están presentes los intereses, necesidades y la afectividad del alumno, sin olvidar que cada miembro del grupo es un ser independiente y autónomo.
2. El trabajo en grupo facilita la comunicación, no olvidemos que, en este proceso, como mínimo, siempre existe un emisor, un mensaje y un receptor.
3. Es una actividad creadora que desarrolla un senti-

miento de independencia, autonomía y seguridad en sí mismo.

4. Esta forma de trabajar permite realizar una elección que supone un estímulo y una responsabilidad aceptada y compartida.

5. Se crea un ambiente de trabajo distinto y favorecedor del aprendizaje al ser aceptado por el grupo, en el que el respeto, la espontaneidad y la libertad de las personas consiguen dar a los medios vida propia.

6. Implica una forma de trabajar en la que continuamente se están tomando decisiones que afectan a los intereses comunes del grupo; se procura tomar la decisión más adecuada para el grupo aunque no sea la mejor.

En el fondo buscamos la *«originalidad»* del día a día en nuestra actividad laboral.

4.2.2.1.   *Trabajo por talleres o rincones*

Duración

120 minutos (mínimo).

Introducción

Se explica la finalidad de los talleres y/o rincones. A modo de calentamiento y también para la formación de grupos, se puede realizar un juego: aire/tierra/mar o el de la línea gruesa (delante, detrás, encima, a pata coja, pies juntos, etc.).

No existe la necesidad de un material concreto, sino ideas claras y buena disposición al trabajo, los rincones y/o talleres que se indican a nivel orientativo. Los grupos se distribuirían por rincones:

1. Audiovisual.
2. Juguetes improvisados (material de deshecho).
3. Creativo.
4. Juego.
5. Anécdotas.
6. De la prensa.
7. Música.

Normas: Ningún grupo puede comunicar o decir las instrucciones que se le dan:

- Ningún grupo puede decir el material que se encuentra en su rincón.
- Sólo se comunican con el coordinador/monitor/educador cuando éste visita el grupo.
- Deben utilizar para la exposición de 10 a 15 minutos.
- En toda tarea se deben tener muy claros los objetivos que se pretende conseguir.
- En las exposiciones se debe tratar de implicar al grupo clase. Al finalizar la exposición se debe entregar una ficha de la actividad al coordinador (se adjunta modelo al final del capítulo).

Todos los grupos pasarán por los distintos talleres en días sucesivos, no pueden comunicar al resto de rincones las instrucciones para evitar preparaciones previas. En cada *clase, colectivo,* conviene que no existan más de tres o cuatro subgrupos, para evitar caer en la monotonía.

Muy importante. Debemos tomar decisiones rápidas y por consenso.

RINCÓN AUDIOVISUAL	
Misión	Trabajar y/o elaborar un montaje *«audiovisual»* *a)* Montaje audiovisual (clásico). *b)* La fotopalabra. *c)* Discoforum. *d)* Videoforum.
Tema	Libre, que sea aplicable, por ejemplo, con alumnos de educación primaria.
Preparación	75 minutos.
Exposición	10 a 15 minutos.
Observaciones	No pueden consultar con ningún grupo, sólo pueden utilizar el material existente en este rincón: papel acetato, papel vegetal, marcos de diapositiva, fotos de prensa, música variada, equipo música y proyector de diapositivas y transparencias, tijeras, rotuladores de acetato... Pueden pedir al coordinador el material que necesiten.

RINCÓN DE JUGUETES IMPROVISADOS Y MATERIAL RECICLAJE	
Misión	Con el material que han aportado, intentar conseguir unos objetivos que el propio grupo fijará. Pueden consultar el libro: Sher, B. (1996). *Juegos estupendos con juguetes improvisados*. Barcelona: Martínez Roca.
Tema	Libre, pero que sea aplicable con población marginal.
Preparación	75 minutos.
Exposición	10 a 15 minutos.
Observaciones	Sólo pueden utilizar el material existente en este rincón o el que ustedes tengan, en todo caso, pueden pedir algún material al coordinador de la tarea. A principio de curso se les comunicó que podían traer material desechable (cartones de leche, botes de refrescos, cajas, ropa, etc.) para trabajar posteriormente con él.

RINCÓN CREATIVO	
Misión	Elaboración y desarrollo de un tema, actividad..., que sea aplicable a alumnos de educación infantil, primaria y/o secundaria o a poblaciones marginales.
Tema	Libre.
Preparación	75 minutos.
Exposición	10 a 15 minutos.
Observaciones	Sólo se les proporciona el material existente encima de esta mesa. La creatividad es suya. (Conviene que este grupo esté *«un poco separado»* de los demás grupos, puesto que en la mesa solamente existe un sobre que contiene el texto de esta página, sin incluir este paréntesis; si el grupo se encerrase mucho en que *«así no se puede trabajar»*, *«es imposible»*..., se les puede indicar que se inventen una fábula sobre *un bosque animado* en el que tienen que participar tanto ellos como todos sus compañeros de clase.)

RINCÓN DEL JUEGO	
Misión	Dar a conocer el mundo infantil, sus situaciones de marginación, desigualdad, etc.
Tema	Los derechos de los niños/as. La tolerancia en la escuela y en la sociedad. El compañerismo.
Preparación	75 minutos.
Exposición	10 a 15 minutos.
Observaciones	Sólo pueden utilizar el material que se les da en el sobre o pueden adaptar algun/os juego/s que ustedes conozcan. Textos base y que están incluidos en el sobre: Sánchez Moro, C. (1991). *La convención sobre los derechos de los niños y las niñas. Juegos.* Madrid: Ministerio de Asuntos Sociales. Bravo, C. (1996). *Juegos de ayer para entrenar hoy/1.* Madrid: CCS.

RINCÓN DE LAS ANÉCDOTAS	
Misión	Comunicar, por ejemplo, a un hijo/a, o al alumnado el tema de los valores basándose en anécdotas de la historia o de la propia experiencia.
Tema	Los valores (situaciones reales o parodias de tu clase o de las calles de tu ciudad).
Preparación	75 minutos.
Exposición	10 a 15 minutos.
Observaciones	No pueden hablar, sí pueden cantar, recitar, escenificar, etc. Texto base: Francia, A. (1995). *Educar en valores con anécdotas de la historia*. Madrid: San Pablo.

RINCÓN DE LA PRENSA	
Misión	Intentar conseguir unos objetivos que el propio grupo fijará (con el material que han aportado y que se les comunicó que deberían traer).
Tema	Libre, que sea aplicable con población marginal; la violencia en la escuela, deporte o sociedad; el deporte en la prensa; la escuela en la prensa, la educación en la prensa; tema libre de carácter educativo.
Preparación	75 minutos.
Exposición	10 a 15 minutos.
Observaciones	Sólo pueden utilizar el material existente en este rincón o el que ustedes tengan. Como mínimo debemos tener en este rincón prensa local/regional y nacional (al menos una semana).

RINCÓN DE LA MÚSICA	
Misión	Realizar un disco forum (audiovisual y/o dramatizado) en el que se trabaje en pequeño y gran grupo, es decir, en el que intervengan todos los miembros del grupo clase.
Tema	El agua y su importancia para tu región, dirigido a cualquier miembro de la comunidad escolar: alumnos, profesores, padres, PAS, asociaciones, etc. Si lo desean pueden seleccionar otro: • De carácter social, infantil, propagandístico o divulgativo. • De carácter gremial o laboral, aventurero, afectivo. • Puede hacer alusión a personajes, etc.
Preparación	75 minutos.
Exposición	15 a 20 minutos.
Observaciones	Pueden utilizar la música que se les proporciona[2], inventarse canciones o utilizar su propia música, si tienen acceso a ella en esos momentos.

---

[2] En otros autores podemos mencionar a Los Sabandeños, El Consorcio, Joaquín Sabina, Celtas Cortos, Teresa Rabal. J. M. Serrat, Amistades Peligrosas, etc.

Ficha de la actividad   Fecha:

Título	
Finalidad	Utilidad (temas, misión...)
Desarrollo	
Materiales	
Lugar	Tiempo	Tamaño del grupo
Aplicaciones educativas alumnos	Aplicaciones educativas docentes
Gráfico de comunicación	Autores (apellidos y nombre)
	Observaciones

4.2.3. Trabajo individual, trabajo en grupo y trabajo agrupado

Introducción

La experiencia nos dice que cuando un grupo de personas trabaja un tema difícilmente lo hace *«en grupo»*; tendemos a hacerlo de forma cómoda y sencilla subdividiendo documentos, tareas, etc.; es decir, trabajamos de forma agrupada. En esta sesión intentaremos ver cuáles son las ventajas e inconvenientes de trabajar de una u otra forma, pero, sobre todo, veremos la rentabilidad del trabajo en grupo respecto al trabajo agrupado. Y las ventajas e inconvenientes del trabajo en grupo en relación al trabajo individual.

Objetivo/s

Conocer tanto a nivel teórico como a nivel práctico la diferencia existente entre trabajo individual, trabajo en grupo y trabajo agrupado.

Materiales

A modo de sugerencia, y siempre a elección del maestro, educador, coordinador..., proponemos los siguientes capítulos:

* *Grupos humanos: el hombre como factor básico* (Fuentes, Ayala, De Arce y Galán, 1997: 13-30).
* *El grupo en la escuela* (Fuentes, Ayala, De Arce y Galán, 1997: 33-52).

Duración

120 minutos.

Lugar

No debe tener ninguna característica especial. Se puede realizar en interior o exterior.

Aplicaciones

En función del coordinador de la actividad, eminentemente educativa (más concretamente, adquisición de contenidos), aunque también puede utilizarse en el ámbito más propiamente social.

Grupo/s

Se subdivide libremente el grupo clase en «*n*» grupos, al menos cuatro.

Desarrollo

Se trabajará el texto que deseamos estudiar, por ejemplo, el sugerido en los materiales.

Opción A (todos el mismo texto)

Cada grupo trabajará el documento al menos durante 30 minutos y tendrá un máximo de 15 minutos para la exposición.

Un grupo, el número 1, tendrá tantos ejemplares del documento como miembros tenga el grupo, todos ellos trabajarán el documento completo de forma individual, cada miembro del grupo preparará una exposición del tema. Uno o dos de ellos expondrán el tema, cada uno la exposición que tenga preparada.

El grupo número 2 sólo tendrá un ejemplar del documento, lo subdividirán en tantas partes como miembros tenga el grupo, y cada miembro expondrá su parte al grupo grande o grupo clase cuando les corresponda exponer.

El grupo número 3, con un solo documento, lo trabajará de forma conjunta y, posteriormente, preparará la exposición del tema en la que todos intervendrán.

El grupo número 4 tendrá un documento, sólo se le indicará que, dentro de 45 minutos, tienen que exponer el tema al grupo clase.

Opción B (cada grupo una parte del texto)

Se trabaja como en la opción A, pero con un texto mucho más amplio y subdividido en partes, el número de particiones debe corresponder con el número de grupos existentes en el grupo clase.

Puesta en común

Después de las exposiciones se realizará una puesta en común en la que cada grupo indicará cómo ha trabajado, las ventajas, los inconvenientes, etc., y las diferencias que ha observado durante las exposiciones realizadas por los distintos grupos.

El coordinador finalizará la sesión leyendo las conclusiones a las que él haya llegado en función de las notas realizadas según el modelo que se adjunta.

Evaluación

Después de la puesta en común tal vez no se vea oportuna, pero, si se desea, se puede realizar de forma libre y no dirigida, dando bastante importancia a las aportaciones que realizan o pueden realizar cada uno de los componentes de los grupos.

Observaciones

En otra sesión, si se desea, se analizarán las ventajas e inconvenientes de cada una de estas formas de trabajo,... ; esta segunda sesión se puede realizar:

- 30 minutos para preparar una dramatización que se basará en la sesión anterior.
- 10 minutos para exponer cada uno de los grupos.
- 30 minutos para realizar la puesta en común.

Modelo para conclusiones sobre las distintas formas de trabajo

Tipo	Ventajas	Inconvenientes
Individual		
Grupo		
Agrupado		
Libre		
Observaciones		

4.2.4. Ruptura de tensiones y manifestación de los sentimientos

Introducción

En los grupos, sean de la índole que sean, el clima que se *«respira»* entre sus componentes es muy importante, pues puede que el desarrollo de las tareas llegue a bueno o mal puerto en función de las actitudes, manifestadas o implícitas, de sus miembros.

En esta sesión vamos a utilizar la música como elemento de cohesión del grupo.

Objetivo/s

1. Romper el *«clima tenso»* que puede existir dentro del grupo.
2. Que los miembros de los grupos manifiesten lo que sienten en distintas situaciones *«provocadas»*.
3. Crear situaciones reales o ficticias en colaboración con el grupo.

Materiales

Siempre estarán en función de los colectivos y de los recursos de los grupos; se pueden utilizar cartulinas, papel continuo, rotuladores de distintas puntas, pintura de dedos, etc. y, como es lógico, un equipo de música portátil y la música seleccionada en función de los objetivos. En esta sesión vamos a utilizar pintura de dedos, lápices, papel continuo y la música seleccionada.

Duración aproximada

120 minutos.

Lugar

Aula, salón de actos, gimnasio, etc.

Aplicaciones

Colectivos de carácter educativo, social, etc. En general, de carácter formativo.

Grupo/s

Depende del coordinador: uno o varios.

Desarrollo

1. Se prepara el local, aula, pasillo, gimnasio, salón de actos, calle, etc., para el desarrollo de la sesión, por ejemplo, supongamos un aula; para romper la estructura de la clase formamos una gran mesa en el centro del aula y la cubrimos con papel continuo, colocando las sillas alrededor de la mesa para sentarse o desplazándolas a las zonas externas, no exteriores, del aula.
2. El material se coloca encima de la mesa de tal forma que todos los componentes del grupo tengan acceso a él.
3. La persona responsable de la sesión realiza una pequeña introducción a la sesión y explica por qué el aula está distribuida de forma distinta al resto de los días.
4. Para iniciar la sesión se debe disponer, al menos, de tres tipos de música: instrumental, cantada en la lengua materna y cantada en otros idiomas. Estas piezas deben ser alegres y festivas, románticas, estridentes, suaves y relajantes, que inviten a pensar y a reflexionar sobre uno mismo y sobre los demás, que ayuden a la persona a exteriorizar sus sentimientos.

    Esta fase debe durar de 15 a 20 minutos, se deben ir conjugando los distintos tipos de música con las distintas manifestaciones artísticas de los sujetos; conviene empezar por una música suave, tranquila... y finalizar con algo alegre y que deje *«buen sabor de boca»*.

5. A modo de orientación, la sesión podría seguir el siguiente esquema:

   — Música relajante: cada persona libremente puede pintar lo que desee en el papel o mesa mural.
   — Música romántica: puedes seguir pintando solo/a o colaborar con otros; puedes desplazarte por toda la sala si lo deseas.
   — Música estridente: puedes hacer lo que desees, dentro de la norma.
   — Música suave, lenta: puedes hacer lo que desees respetando a la persona; en el ámbito artístico puedes manifestar lo que desees.
   — Música alegre y/o festiva: puedes actuar libremente sin confundir libertad con libertinaje.
   — Se pueden utilizar los siguientes trabajos musicales si se desea:

     • Classical Masterworks in Digital. *Entdeckungsreise in die klassische Musik*. Meerbursch (Germany): AmCo (506/7.2175-2). En esta recopilación podemos encontrar, entre otras, piezas como:

       — Vivaldi, *Las cuatro estaciones*, «La primavera» (3:26).
       — Beethoven, *Para Elisa.* (3:30).
       — Strauss, *Polka.* Op. 117 (3:05).
       — Shubert, Op. 114, D 667 (2:08).
       — Khatschaturian, *Danza de los sables* (2:29).
       — Bizet, *Suite de Carmen. La chanson du toreador* (2:37).
       — Chopin, *Preludio*, Op. 27, n.º 7 (1:11).

- G. Stefan, *Oye* (4:40).
- R. Martin, *La copa de la vida* (4:25).
- B. Whelan, *River dance* (5:40).
- S. O'Connor, *He moved through the fair* (3:57).
- N. Bravo, *Libre* (4:17).
- S. B. S., *Sigue al líder* (4:07).
- Chayanne, *Salomé* (4:12).

Puesta en común

Cada miembro del grupo puede manifestar su opinión libremente y sin ajustarse a ningún esquema concreto.

Posible guión

— ¿Qué te ha sugerido la música que has oído?
— ¿Qué sentías cuando trabajabas a nivel individual?
— ¿Has colaborado con otros u otros han colaborado contigo?
— ¿Qué sentías cuando alguien tachaba tu dibujo o dibujaba algo que tú no pensabas en ese momento? ¿Y cuando era en la obra o trabajo de otro?
— ¿Te has metido en lo dibujado por el resto de compañeros? ¿Qué es lo que más te ha impresionado?

Para finalizar, conjuntamente se relata una fábula o una historia intentando incluir todo lo que tú ves que tus compañeros han intentado expresar en el mural; una vez que has finalizado o no sabes continuar debes dar la palabra a otro compañero o compañera para que la continúe; el último en hablar o tomar la palabra debe finalizar la historia, cuento, fábula, noticia, etc.

Evaluación

Con una sola palabra cada uno de los miembros del grupo define o evalúa la sesión.

4.2.5. Tu color y tu personalidad. Reflexión y valores

Introducción

En cualquier trabajo, en cualquier grupo, etc., es muy fácil hablar con el compañero, criticar al otro, comunicar cosas intrascendentes... Pero ¿qué pasa cuando me dicen cómo soy? (puedo estar de acuerdo o no), ¿qué pasa cuando me hacen descubrir cosas que yo creía que eran de una forma y luego son de otra?, ¿mis valores son los mismos que los de mi compañero/a?, ¿existen intereses particulares en mi relación con los demás? Podríamos seguir planteando muchas cuestiones, tanto a nivel personal como a nivel colectivo, pero no merece la pena, pues lo que buscamos es *crecer* y *vivir* como personas maduras.

Objetivo/s

1. Descubrir los valores que más me preocupan y los de mi grupo.
2. Conocer al otro con el que estoy todos los días en clase.
3. Reflexionar sobre nuestra vida y poner los medios para intentar madurar como persona.

Materiales

- Fichas con el significado de los colores (color que más te gusta, color que menos te gusta) (Jiménez, 1991: 39-45). Véanse al final de la sesión.
- Cuartillas, lápices y una bolsa.
- Tela para vendar los ojos (también podemos fiarnos del compañero y pensar que va a llevar los ojos cerrados cuando se le diga).

Duración

120 minutos.

Lugar

Cualquier local, a ser posible que tenga distintas estancias. No olvidemos que también se puede realizar en la calle.

Aplicaciones

Carácter social y/o educativo.

Grupo/s

No son necesarios, se trabaja a nivel individual, por parejas y en gran grupo.

Desarrollo

Fase 1.   Tu color y tú

Se le entrega a cada sujeto una ficha con el significado de su color, aquel color que más le gusta y el que menos le gusta (anteriormente se les preguntó por sus preferencias).

Durante 15 minutos de reflexión, escribirán libremente, en una cuartilla, lo que deseen después de leer la ficha que se les ha entregado.

¿Te identificas?; ¿por qué?. Cuando te critican ¿qué sensaciones experimentas?; ¿cómo te encuentras?

Todas las cuartillas se depositan en una urna (o bolsa opaca) y al azar se leen dos o tres para después entablar un breve debate (10 minutos, aproximadamente) sobre la emisión de juicios y el mundo de los valores.

Fase 2

Durante 15 minutos, en silencio y en la *oscuridad* (sala con luces apagadas, persianas bajadas, a oscuras) vais a realizar lo que queráis (podéis pasear, saltar, relajaros, hacer el pino, etc.)

Se realiza una reflexión libre de hechos.

Fase 3

Al encender la luz se forma pareja con la persona más cercana (a ser posible que sea una persona con la que normalmente no tratas).

¿Conocéis a la persona que está a vuestro lado?, ¿os fiáis de ella? (se puede hablar de las distintas relaciones que se dan entre las personas). Vamos a experimentarlo:

a) Vais a *sentirla* (cabeza sobre estómago, tumbados en el suelo y relajados, a los 5 minutos se intercambian posiciones). ¿Estáis cómodos? ¿Qué sensación tenéis? (se le plantean al grupo éstas u otras cuestiones durante el ejercicio, pero no se les permite hablar hasta la puesta común general).

b) El *lazarillo* (ver por los ojos de los demás, consecución de un objetivo).

c) Por parejas, una persona delante con los ojos cerrados (o vendados) y otra detrás guiando intentan conseguir dos objetivos. (Por ejemplo: en un centro escolar, id al conserje y pedidle un borrador de pizarra, sacad un libro de la biblioteca, etc.)

Conseguido el primer objetivo se invierten los papeles y se realiza una puesta en común (se puede realizar sólo para esta técnica o incluirla en la general):

a) Si yo fuera ciego...
b) Si yo tuviera mejor vista...
c) He experimentado las siguientes sensaciones...

Puesta en común

Se realiza de forma global y no dirigida:

¿Curiosidades? ¿Sentimientos? ¿Anécdotas?...

Evaluación

Sería una reflexión libre, oral o escrita, sobre la sesión, en la que se analizarían todas las fases que se han llevado a cabo y la consecución de los objetivos fijados.

Observaciones

En esta sesión el papel del coordinador es muy importante; se debe crear el clima adecuado y procurar siempre que dicho clima sea de paz y tranquilidad evitando momentos tensos y procurando que el grupo esté cómodo.

ROJO +	ROJO −
• Extraversión, interés por el mundo. • Exuberancia, plenitud vital. • Simpatía hacia los demás (de fondo, aunque a veces las maneras no lo demuestran). • Agresividad. • Vigor. • Simpatías y antipatías (gustos y disgustos) inmediatos. • Optimismo. • Horror a la monotonía. • Impulsividad sexual, pasiones físicas. • Quizá ingenuo e inconsciente. • Subjetividad. • Psicosis-maníaco-depresiva.	• Falta de seguridad. • Temor a la agresividad (propia o ajena). • Temor a los aspectos duros y enérgicos de la vida. • Sentimiento de deterioro vital. • ¿Quizá no ha recibido gratificaciones en la vida? • Falta de paz interior. • Necesidad de quietud.
ROSA +	**ROSA −**
• Interés por el mundo, pero sin ardor. • Actitud protectora, simpática y favorable hacia los menos afortunados. • Indulgencia. • Encanto natural, delicadeza. • Calidez afectiva. • Sentido de clase social. • En la mujer: búsqueda de riquezas, ventajas sociales, existencia indulgente y protegida.	• Envidia de la vida fácil de los otros, especialmente de los que han llegado a una posición elevada sin esfuerzo personal. • Disgusto por el esfuerzo continuado.

NARANJA +	NARANJA −
• Sociabilidad, capacidad para entablar relaciones con toda clase de gente. • Fácil sonrisa. • Falta de apasionamiento; pero interés luminoso en la vida. • Inestable en sus decisiones. • No le gusta estar solo. • Amor de compañerismo más que de pasión. • Desea ser agradable, inclinado a estar de acuerdo con los otros. • Solicitud hacia los demás.	• No le gusta la camaradería ni la intimidad. • Desea tomar la vida demasiado en serio. • Evita la excesiva familiaridad. • Tensión mental y emocional. • Dificultad para relajarse. • Le frustra que le traten con frialdad, aunque desea que le dejen en paz.
AMARILLO +	**AMARILLO −**
• Intelectual. Idealista. • Interés por lo esotérico y lo místico. • Convencido de su capacidad intelectual. • Ansioso de ayudar al mundo y a la gente. • Le estimula el desafío de las dificultades. • Más dado a la teoría que a la práctica. • Actual. • Control de sí. Timidez. • Amigo fiel. Buen confidente. Pero mentalmente se siente solo. • Ama a la gente colectivamente. Pero la menosprecia en particular. • Mente mórbida.	• Rechaza la innovación de lo imaginario, de lo abstracto. • Interés por la realidad práctica. • Sentido común. • No muy convencido de sus puntos de vista, pero le molesta que se los contradigan. • Satisfecho de sí mismo. • «Al pan, pan, y al vino, vino».

VERDE +	VERDE −
• Equilibrio psíquico y normalidad (lo busca o lo posee). • Hogareño. • Buen compañero, buen ciudadano. • Burgués. • Sabe situarse, valora las etiquetas sociales. • Atracción sexual normal. • Capacidad de afecto. Lealtad. • Sentido moral, sin ser escrupuloso. • No muy original. Mesura. • Sería buen profesor. • En situaciones de estrés, aparecerían reacciones neuróticas (fobias, histerias, obsesionales).	• Irritable. • Falta de equilibrio psíquico. • Poco desarrollo de la voluntad. • Inseguridad. • Frustración habitual. • No le gusta la vida social, solitario. • Falta de profundidad en las amistades.

AZUL +	AZUL –
• Sensibilidad, educación, refinamiento espiritual. • Introspección. Honestidad. Sentido del deber, acepta obligaciones. • Racionalizaciones con fines autojustificativos y egoístas. • Control de las pasiones y las emociones. • Moderación del entusiasmo. • Le gusta que le admiren por su gran carácter, pero hace poco por ganarse la admiración. • Cautela en las palabras. Compostura en los modales. • Opiniones fijas y duraderas. Egoísmo. Le molesta la estupidez de los demás. • Sobriedad, austeridad (le molesta que los demás no vivan así). • Anhela la realización de sus ideales. • **Azul oscuro:** Extremado conservadurismo, introversión y fijación a opiniones y creencias.	• Inseguro, irritable, quizá neurótico. • Labilidad afectiva. • Sentimientos de culpabilidad por no responder a las expectativas de los otros. • Le molesta el éxito de los demás. • Falta de perspicacia en el trabajo. • Inestabilidad. • Búsqueda de excitaciones.

MARRÓN +	MARRÓN −
• Conciencia del deber cumplido. • Responsabilidad. • Capacidad de perspicacia en los negocios. • Obstinado en sus convicciones. Conservador. • Mente lenta, pero segura. Llega a conceptos definidos. • Le preocupan los problemas de los otros más que los propios. • Evita el esfuerzo. Dificultad de adaptación. • Tendencias paranoicas. • Puede llegar a ser indiferente hacia los demás, incluso cruel. • Evita problemas y conflictos.	• Bondad natural. • Generosidad. • Disgusto por el aspecto prosaico de la vida. • Más consciente de sus limitaciones que de sus capacidades. • Impetuoso, le irrita la lentitud. • Temperamento nervioso.
GRIS +	**GRIS −**
• Falta de percepción para lo emocional. • Gusto por lo cotidiano. • Defensa frente a las exigencias irritantes y agotadoras del medio ambiente. • En la mujer: Calma. Desinterés por atraer la atención. Se enamoraría de un hombre mayor.	• Deseo de salir de la monotonía. • Búsqueda de emociones. • Descontento de sí mismo. • Quizá se siente mediocre. • Temor a quedar en segundo lugar.

NEGRO +	NEGRO –
• Realista, sin ostentación. • Digno. • Rechazo de obstáculos e imposiciones exteriores. • Reserva de la vida privada. • Falta de libertad de expresión. • Sentimiento de estar desplazado (quizá por encima de los demás).	• Rechazo del fatalismo (quizá por tendencia a ser fatalista). • Supersticioso. • Inquietud ante lo absoluto, lo infinito.
BLANCO +	
• Amor a la naturaleza. • Deseo de armonía, de limpieza. • Pureza, inocencia, amor.	

Fuente: Jiménez, 1991: 39-45.

4.2.6. Un amigo especial

Introducción

Esta sesión es muy «*abierta*» en el sentido de que tiene muy variadas aplicaciones, se puede utilizar con profesorado, alumnado, animadores sociales, etc. Y se pueden tratar temas muy diversos como la creatividad, las personas con necesidades educativas especiales, etc. El coordinador juega un papel muy importante, puesto que debe buscar el hilo conductor de toda la sesión (puede ser una excursión de fin de curso, etc.).

Objetivo/s

Aprender a descubrir objetivos a través de la realización de actividades.

Materiales

- Baraja española (cada carta es una persona con unas características o necesidades especiales):
  1. Ciego y sordomudo.
  2. Tiene problemas para desplazarse y falta de tonicidad en los brazos.
  3. Ciego y mudo.
  4. Sordo con gafas de sol puestas.
  5. Manco.
  6. Pierna amputada, no necesita ayuda para desplazarse (muletas, silla ruedas, acompañante...).
  7. Sin brazos.
  8. Se desplaza en silla de ruedas.
  9. Borracho.
  10. Asesino.
  11. Cojo de la pierna izquierda.

12. Mudo.
13. *Comodín*. Observador del grupo (estos «*papeles*» son orientativos).

- Globo para cada alumno, a ser posible todos del mismo color.
- Cuatro sillas de ruedas (por ejemplo, de despacho).
- Cuatro gafas de sol.
- Etiqueta con el nombre de cada uno de los participantes.

Duración

120 minutos.

Lugar

Espacio amplio, tipo gimnasio, escenario de salón de actos, es decir, se necesita un espacio abierto o con pasillos para desplazarse, da igual que sea interior que exterior.

Aplicaciones

Todo tipo de colectivos.

Grupo/s

Se van configurando según el desarrollo de la sesión.

Desarrollo

1. Cada sujeto toma una etiqueta con su nombre y un globo, lo infla y se pone a jugar libremente con él; después de 5 minutos todo el grupo juega con todos los globos, sin que se caiga ninguno al suelo, de 5 a 10 minutos.

    (Mientras se controlan los asistentes y se preparan las cartas y se le dan las siguientes instrucciones: cada uno de ustedes pasa a recoger una carta de la baraja y deberá formar un grupo de cuatro con aquellas personas que tengan el mismo número de carta que usted, no comunique a nadie las instrucciones que pone a mano en la carta que le ha correspondido.)

2. Durante tres minutos se ponen de acuerdo en cómo van a escenificar cada uno en su palo de la baraja el *«papel que les ha correspondido»*, pero antes aumentaremos la *autoestima* de los participantes.

3. Cada uno de los miembros del grupo escribe de una a tres cualidades de su compañero de grupo; un papel *«personalizado»* para cada miembro del grupo (cada miembro del grupo debe recibir como mínimo tres papeles). Véase su desarrollo en la ficha incluida al final de la sesión.

4. Después uno por uno de todos los componentes del grupo grande (seguiremos, si se estima oportuno, el orden de los números de la baraja y el palo) dice lo que le han comunicado sus compañeros de grupo y cómo se encuentra a nivel de sentimientos; en ese momento (debe expresarlo con el menor número de palabras, una, dos...).

    A continuación se realiza, a nivel individual, una breve reflexión sobre personas con necesidades especiales y personas que no las tienen. Desde este momento cada uno de los participantes representará el papel que le ha correspondido y que se indicaba en la carta de la baraja recogida en su momento.

5. Se agrupan por palos de la baraja (cuatro grupos de diez, aproximadamente), y se explica el juego del *asesino:*

    El asesino va *«matando»* a sus víctimas *«guiñando»* el ojo (normalmente). Si le descubren *«muere»* y ocupa su lugar el que le descubre, y así hasta que quede solamente una persona (podrían quedar tres personas si el asesino no es hábil, los dos ciegos y el asesino) *deben jugar todos con un globo* intentando que no dé en el suelo *y representando cada uno su papel*. Si una persona cree descubrir al asesino y no lo es, muere él. Una vez terminado el juego por grupo emprendemos un viaje en tren (por ejemplo, realizamos una visita a...).

6. Todos nos solidarizamos con los demás miembros del grupo (estamos agrupados según los palos de la baraja), y durante un minuto imitamos a la persona que encabeza el grupo *(máquina del tren)* que se desplaza libremente por la sala. A continuación, el primero pasa al último lugar e imitamos al que queda situado en primer lugar, es decir, como máquina de tren...

7. Realizados todos los papeles, cada grupo vuelve a su lugar de origen o llega a su lugar de destino, simulando cada sujeto el papel que le indicaron las cartas.

8. Una vez ubicados y agrupados, se invita a un baile, verbena, etc., y después de un *«rato»* se indica que se ha producido un incendio y deben desalojar la sala, *nos vemos en él... (escenario del salón de actos, hall del hotel,* etc.).

Puesta en común

Se realiza a través de la técnica: *«La pecera»* (Fuentes, Ayala, De Arce y Galán, 1997: 117) que figura en anexo.
Se colocan en dos círculos concéntricos:

— El más pequeño son alumnos/sujetos (oros y copas).
— El mayor son profesionales (espadas y bastos).

Y consta de dos partes:

a)   Una persona de cada círculo, hasta finalizar el grupo:

SI YO FUERA....... HARÍA....... PARA MEJORAR.......

Por ejemplo: *si yo fuera minusválido y tuviera que desplazarme en silla de ruedas haría quitar todas las barreras arquitectónicas que existen en la universidad para mejorar, facilitar el acceso a todas las dependencias de las distintas facultades.*

b)   Libremente, contestando a preguntas como: ¿en qué fase de toda la sesión os habéis sentido mejor?, ¿por qué?, ¿habéis cumplido todos vuestro papel?, ¿qué ha pasado en el tren, en el incendio...? Durante 5 minutos, aproximadamente.

Finalizamos contestando a la siguiente pregunta:

¿QUÉ OBJETIVOS CREÉIS QUE PRETENDÍAMOS CONSEGUIR?

Evaluación

Se evalúa libremente la sesión; si se han formulado diferentes objetivos para la misma sesión realizada, habremos superado el objetivo propuesto.

Observaciones

El coordinador debe inventarse una historia que sea el hilo conductor de la sesión y dé sentido a las actividades que se realizan.

<table>
<tr><td colspan="3" align="center">LA PECERA</td></tr>
<tr><td>Finalidad</td><td colspan="2">Propiciar la participación en la discusión en grupo de un tema adoptando alternativamente los papeles de comunicador y observador.</td></tr>
<tr><td>Utilidad</td><td colspan="2">Estimular la capacidad de argumentación. Desarrollo de las capacidades de escucha y observación.</td></tr>
<tr><td>Desarrollo</td><td colspan="2">Se divide el grupo en dos equipos y se disponen formando dos círculos concéntricos. Se propone un tema de discusión y se establece un tiempo para ello. El equipo que está en el interior (de la pecera) discute sobre lo propuesto. El otro observa. Transcurrido el tiempo, el grupo observador sugiere otros argumentos que se podían haber dado, aspectos no tratados, estrategias, etc. El proceso debe repetirse intercambiando los roles de los grupos.</td></tr>
<tr><td>Materiales</td><td colspan="2">Papel y lápiz.</td></tr>
<tr><td>Tamaño del grupo</td><td colspan="2">Medio o grande.</td></tr>
<tr><td>Tiempo</td><td colspan="2">Estará en función del tema a tratar. No obstante, recomendamos que no se superen los 20 minutos por cada grupo. El tiempo total, incluida la síntesis final, no debe superar los 60 minutos.</td></tr>
<tr><td>Lugar</td><td colspan="2">Un aula con mobiliario móvil que permita su disposición en círculos.</td></tr>
<tr><td rowspan="2">Aplicaciones educativas</td><td align="center">Alumnos</td><td align="center">Docentes</td></tr>
<tr><td>• Discusión en profundidad de un tema. Toma de decisiones cooperativas. Adopción de otros puntos de vista.</td><td>• Conocer las ideas previas o nivel de conocimientos que los participantes tienen de un tema, así como sus capacidades de expresión oral y argumentación.</td></tr>
<tr><td>Observaciones</td><td colspan="2">En función del tema tratado puede resultar conveniente hacer una síntesis y recogerla por escrito en un guión en la pizarra. Si los participantes no están familiarizados con la técnica, debe aconsejárseles sobre los aspectos a los que han de prestar atención cuando adopten el papel de observadores: calidad y cantidad de argumentos, estrategias expositivas, grado de participación, elocuencia de los oradores, etc.</td></tr>
<tr><td>Gráfico de comunicación</td><td colspan="2"></td></tr>
</table>

Fuentes, Ayala, De Arce y Galán, 1997: 117.

<table>
<tr><td colspan="3" align="center">AUTOESTIMA</td></tr>
<tr><td>Finalidad</td><td colspan="2">Crear un clima asertivo en el grupo de trabajo.</td></tr>
<tr><td>Utilidad</td><td colspan="2">Reflexionar en positivo sobre nuestros compañeros de trabajo.</td></tr>
<tr><td>Desarrollo</td><td colspan="2">1. Se divide al gran grupo en pequeños grupos.
2. Cada miembro del pequeño grupo le escribe una carta «nominal» a cada uno de los miembros restantes, en la que les manifiesta tres cualidades.
3. Puesta en común donde el colectivo manifiesta sus sentimientos después de haber leído las cartas del resto de miembros del grupo.</td></tr>
<tr><td>Materiales</td><td colspan="2">Lápiz y papel.</td></tr>
<tr><td>Tamaño del grupo</td><td colspan="2">No tiene por qué existir un número determinado de miembros.</td></tr>
<tr><td>Tiempo</td><td colspan="2">Depende del tamaño del grupo.</td></tr>
<tr><td>Lugar</td><td colspan="2">Cualquier espacio es válido.</td></tr>
<tr><td rowspan="2">Aplicaciones educativas</td><td align="center">Alumnos</td><td align="center">Docentes</td></tr>
<tr><td>• Aumentar la autoestima personal.</td><td>• Aumentar la autoestima del grupo.</td></tr>
<tr><td>Observaciones</td><td colspan="2">El tiempo puede variar en función del número del grupo y de las características del mismo. No es lo mismo trabajar con niños, jóvenes o adultos.</td></tr>
<tr><td>Gráfico de comunicación</td><td colspan="2"> 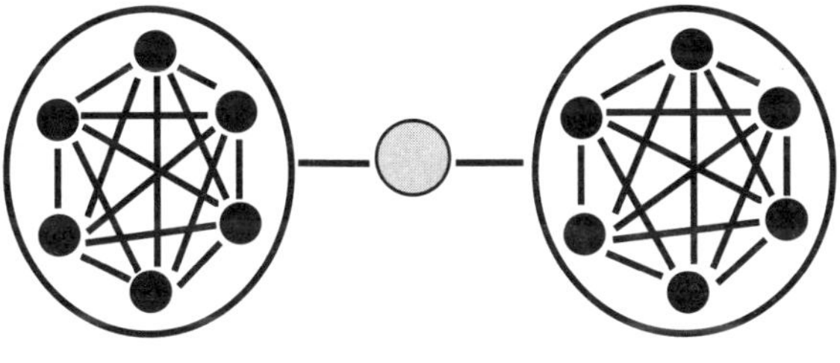</td></tr>
</table>

4.2.7. La Universal M. y la espía infiltrada

Introducción

Esta sesión está descontextualizada de la realidad para evitar así *«todo tipo de experto que pudiese existir en el grupo»*, la sesión la desarrollaremos con tres técnicas que podemos ver o estudiar en otros contextos en sus obras originales:

«Mujer anciana, mujer joven», de K. Antons (1978)
«Juegos con cerillas, papel y lápiz», de H. Fluri (1992)
«La elección de un color», de P. Simon y L. Albert (1989).

Esta técnica la desarrollamos de acuerdo a lo expuesto por sus autores; por ello, reproducimos los textos.

El trabajo lo hemos contextualizado en una oficina de correos, como lo podíamos haber ubicado en unos almacenes, en una editorial, en un colegio, en una universidad, etc.

En esta sesión también se pueden trabajar y adquirir conceptos como:

— La comunicación verbal.
— Los juegos y los distintos roles.
— El individuo y las funciones en un grupo.
— El grupo no directivo sin estructura y sin método.

Objetivo/s

1. Demostrar cómo se deforma la información de unas personas a otras, si se transmite de forma oral, y sus posibles consecuencias tanto a nivel personal como a nivel de grupo.
2. Enseñar a tomar decisiones rápidas y alternativas, no exentas de reflexión.
3. Mostrar los distintos roles que se pueden dar en los grupos a la hora de tomar decisiones.

4. Comparar los roles manifestados en el desarrollo de la actividad con los que surgen dentro del aula, colectivo... en las tareas cotidianas.

Materiales

Sobres de distintos tamaños con las instrucciones incluidas, que se irán distribuyendo en las distintas fases de la sesión.

Duración

120 minutos. También puede ajustarse a dos sesiones de 60 minutos o bien a dos sesiones de 90 minutos.

Lugar

Cualquier espacio en el cual el grupo se pueda subdividir en grupos pequeños y pueda desarrollar sus tareas, sin molestarse unos a otros.

Aplicaciones

De carácter educativo y social, muy adecuada para sesiones de animación sociocultural.

Grupo/s

Según las fases (especificado en la fase de desarrollo):

Primera: Asignación al azar a los grupos según orden de recogida del correo certificado.

Segunda: Se trabaja a nivel individual en los grupos configurados.

Tercera: Se trabaja en grupo pequeño. En subgrupos de ocho personas. No hay observador (en caso de que los grupos no pudiesen ser de ocho miembros, no suprimir nunca los roles número 4 y número 7).

Desarrollo

Fase 1

Problema.   *Mensaje urgente: espía infiltrada*

a) Cada miembro del grupo recoge de la oficina de correos su carta certificada y cerrada (en ella se indica el número de la estafeta de correos —grupo de trabajo— a la que están destinados para realizar su trabajo). Se abre el certificado y cada uno se marcha a su puesto de trabajo.

(Todos sentados en círculo; no pueden comunicarse entre ellos de forma verbal.)

El jefe de la estafeta de correos recibe un mensaje o un cuadro con diez afirmaciones o con diez detalles de diversa índole, lo estudia durante 3 minutos y lo graba en la memoria, pasando posteriormente a destruirlo sin que lo vea el resto de sus compañeros. (En el mensaje se puede observar el dibujo de una mujer y diez características que pueden identificarla.)

b) El jefe de la estafeta cuenta el mensaje a otro miembro del grupo (al 2.º), éste al 3.º, y así sucesivamente a todos los empleados de la estafeta. El último lo escribe en un folio y lo dice en voz alta a todos los miembros de su grupo.

c) El jefe de correos abre el sobre número 2 y le da a todos los miembros copia del mensaje para que lo vean y contesten al ítem 10. El mensaje —con el dibujo y el texto— lo pueden encontrar en la obra de Antons, K. (1978: 56-57)[3] y que reproducimos al final de la sesión.

---

[3] Esta actividad también puede realizarse con un cuadro, una fotografía, un póster, un texto, etc., en el que se pueden observar entre diez y veinte detalles claramente.

d) Ante las diversas opiniones, se convoca urgentemente una asamblea para tratar el tema; a nivel de sugerencia se puede iniciar con las siguientes cuestiones:

¿Qué ha pasado con la información? ¿Existe una actitud de escucha? ¿Problemas de percepción emisor/receptor? ¿Es palpable la doble estimulación? ¿Qué pasa con los malentendidos y los rumores en los grupos?, y cualquier otro punto a debatir... Para finalizar, toma la palabra el coordinador y se inicia la siguiente fase.

Fase 2

e) Falsa alarma. Gracias a todos los empleados. Todos son de confianza, pero necesitamos un jefe para cada una de nuestras estafetas, para ello deberán someterse a una prueba en la que deben demostrar su originalidad y que saben dar respuestas alternativas a situaciones sencillas; por ejemplo, tenemos una cuartilla con nueve puntos y debemos pasar por todos ellos con cuatro líneas rectas sin levantar el lápiz (aquella persona que lo consiga será la que inicie la siguiente fase).

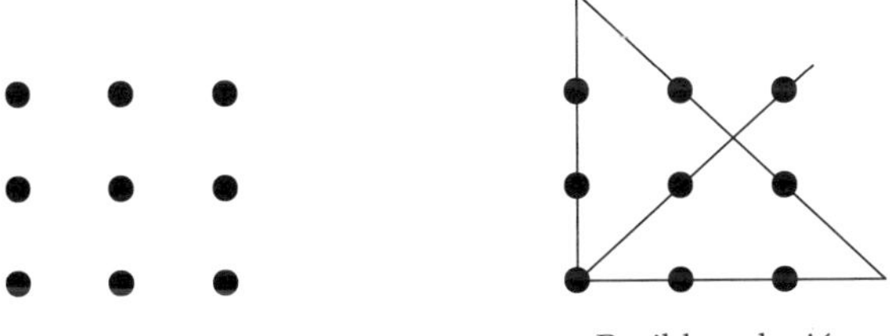

Posible solución

Fase 3

f) Elección de un color para el anagrama de *Universal M.* Para ello vamos a utilizar la técnica «*La elección de un color*» (Simon, P. y Albert, L. 1989: 133; Simon, P. y Albert, L., 1991: 46-53) y que reproducimos a continuación con algunas pequeñas variantes.

Procedimiento

— Todas las instrucciones útiles se encuentran en el sobre que será entregado por el coordinador.
— En el interior de este sobre se hallarán otros tres sobres que contienen las instrucciones para las diferentes fases de este ejercicio.
— Se puede abrir el sobre I cuando se desee (en este sobre existen ocho sobres en blanco que cada uno contiene el rol o papel que cada miembro del grupo debe desempeñar).

Los sobres II y III no se pueden abrir si no es siguiendo las instrucciones contenidas en el sobre I.

Advertencias especiales

Que el coordinador *No* intervenga si no es en casos excepcionales. Puede observar al grupo mientras trabaja. Registre por escrito sus observaciones, de manera que esté en condiciones de proporcionar *feedback* personal, relativo al proceso utilizado por el grupo.

Como en este ejercicio hay roles y gustos diferentes, que pueden ser complementarios o conflictivos, la observación del proceso de toma de decisiones y de comunicación de la información puede resultar interesante y reveladora.

INSTRUCCIONES PARA LA FASE I

1. Cada miembro elige un sobre en blanco y sigue las instrucciones individuales contenidas en él.
2. El objetivo del grupo es *elegir un color*.
3. El método y el procedimiento utilizados por el grupo quedan al arbitrio de éste.
4. Disponen de **20 *minutos*** para llegar a tomar una decisión.

Nota.   **En ningún momento** pueden los miembros **comunicarse entre sí**, ya sea verbalmente o **mostrando las instrucciones** contenidas en su sobre. Se debe actuar solamente como lo indican las instrucciones.

INSTRUCCIONES PARA LA FASE II

Disponen de un máximo de **10 *minutos*** para ponerse todos de acuerdo sobre la elección de un

MODERADOR PRESIDENTE DEL GRUPO

que dirigirá al grupo durante la fase III. Después de la elección el presidente abrirá el sobre III.

INSTRUCCIONES PARA LA FASE III

El presidente del grupo establece los procedimientos de trabajo y conduce la reunión.

Disponen de *30 minutos* para discutir los siguientes puntos:

1. ¿Cuáles han sido las conductas de los miembros durante la discusión?

    Analícense las conductas positivas, que han permitido una mayor cohesión del grupo, y las conductas negativas, que han frenado al grupo en su toma de decisiones.
2. ¿Cuál ha sido la organización del grupo, y cómo se han repartido los roles de cada miembro? ¿Para qué sirvieron con eficacia estos roles?
3. ¿Cómo y por qué se ha elegido al moderador presidente de la fase III?
4. ¿Algún miembro ha comunicado sus instrucciones particulares? ¿Cuáles han sido las consecuencias de ello? Ahora sí pueden comunicarlas y discutirlas libremente.

Rol 1

a) Mientras toma parte en la discusión de un modo natural, en el momento oportuno, usted pude desempeñar el siguiente rol:

*Distender a los demás y distenderse usted, **crear una atmósfera agradable**, procurar que la moral del grupo esté siempre a nivel elevado.*

b) Personalmente, a usted le gusta sobre todo el color NARANJA; sabe que nadie piensa en dicho color y usted desea introducir una nueva idea que les divierta a todos.

Rol 2

a) Mientras toma parte en la discusión de un modo natural, en el momento oportuno, usted puede desempeñar el siguiente rol:

***Buscar informaciones, reformular el pensamiento** de los demás o explicitarlo mediante ejemplos, informar al grupo, y asegurarse de que todo el mundo lo ha comprendido.*

b) Personalmente, a usted le gusta el color AZUL, que le trae a la memoria recuerdos muy bellos y agradables.

Rol 3

a)   Mientras toma parte en la discusión de un modo natural, en el momento oportuno, usted pude desempeñar el siguiente rol:

*Comprobar las ideas que se expresan, hacer de **abogado del diablo,** intervenir en los períodos de confusión o de desorden para restablecer la calma.*

b)   Personalmente, a usted le encanta el ROJO, y ningún otro color le resulta verdaderamente aceptable.

Rol 4

a)   Aunque toma parte de la discusión de un modo natural, usted *no tiene que desempeñar **ningún rol especial*** en el grupo, ni ningún gusto particular que defender con respecto a los colores.

b)   En cambio, usted sabe que en el sobre número II, las instrucciones señalan que el grupo debe elegir un moderador presidente del grupo.

Actúe de manera que el GRUPO LE ELIJA A USTED COMO PRESIDENTE del grupo en la fase II.

Rol 5

a)   Mientras toma parte en la discusión de un modo natural, en el momento oportuno, usted pude desempeñar el siguiente rol:

*Procurar que el grupo se sienta realmente **motivado** por este ejercicio. Invitar a los demás participantes a tomar la palabra, lanzando un cabo a los que menos hablan. Un poco de conflicto debe permitir, ciertamente, el alumbramiento de nuevas ideas.*

b)   A usted le gustan todos los colores y fácilmente puede ponerse de acuerdo sobre cualquier color, exceptuando al ROJO. Este color le encoleriza.

Rol 6

a)   Mientras toma parte en la discusión de un modo natural, en el momento oportuno, usted pude desempeñar el siguiente rol:

***Ayudar** al grupo a definir sus objetivos y los conceptos importantes, **supervisar** el procedimiento seguido, si es que el grupo ha elegido alguno, o **proponer** uno si todavía no ha escogido ninguno. Alegar rápidamente a un consenso de grupo o a una franca mayoría. Efectuar observaciones sobre la marcha del grupo y del proceso de toma de decisiones*

b)   Personalmente, a usted le gusta de un modo particular el color VERDE.

Rol 7

a) Mientras toma parte en la discusión de un modo natural, en el momento oportuno, usted pude desempeñar el siguiente rol:

Animar la discusión, captar el punto de vista de los demás y ponerlo de relieve, ser receptivo. Establecer relaciones entre las intervenciones y velar porque el uso de la palabra esté bien distribuido en el grupo. Resumir y concretar durante la discusión. Alentar la participación activa.

b) Usted no tiene ninguna preferencia en especial por uno u otro color, salvo en el caso del AZUL, que no le gusta demasiado.

c) Exactamente **veinte minutos** después del comienzo de la discusión, a usted le corresponde terminar con las discusiones, sea cual fuere la decisión tomada por el grupo —aunque éste no haya tomado ninguna— y abrir el sobre de la fase II.

Rol 8

a) Mientras toma parte en la discusión de un modo natural, en el momento oportuno, usted puede desempeñar el siguiente rol:

Observar las conductas de los participantes y el proceso del grupo. Ser capaz —más tarde en la fase II— de analizar las actitudes y las conductas de cada uno de los miembros del grupo para estar en condiciones de proporcionarles feedback.

b) Usted permanece más bien imparcial en la elección del color y en el proceso de toma de decisiones del grupo, con la salvedad de que a usted el VERDE no le gusta realmente.

Puesta en común

Está en función del desarrollo de la sesión, se propone desarrollar una parcial al finalizar la fase I y otra en la fase III. Una global no es necesaria.

Evaluación

Se desarrolla libremente sobre toda la sesión, o bien se pueden evaluar las distintas fases, intentando ver el sentido y posibles aplicaciones de cada una de ellas. A modo de conclusión, se intentará definir, con una frase *«globalizadora»*, la sesión.

Observaciones

1. El coordinador debe preparar unos carteles donde diga: Oficina Principal, Estafeta Número 1, Número 2, y así sucesivamente, hasta crear el mismo número de estafetas que de grupos.
2. En las cartas certificadas que recibe cada sujeto, solamente se le indica el número de la estafeta en la que están destinados, es decir, el número del grupo al que se le asigna.
3. En la puerta del local y antes de iniciar la sesión, debe aparecer pegado, y como mínimo en tamaño A3, el cartel que aparece reproducido a continuación.

Trabajadores de la Oficina de

CORREOS LA UNIVERSAL M.

**TODOS LOS MIEMBROS DE ESTA EMPRESA
TIENEN UNA CARTA CERTIFICADA
EN LA OFICINA PRINCIPAL DE CORREOS**

PASEN URGENTEMENTE A RECOGERLA

**POR FAVOR, NO ABRAN SU
CORRESPONDENCIA HASTA QUE
SE LO INDIQUE EL DIRECTOR DE LA
CENTRAL**

NOS VEMOS A LAS _____ HORAS _____ MINUTOS
(anteriormente hemos recogido nuestro correo) EN LA
OFICINA PRINCIPAL

Instrucciones para localizar a la espía infiltrada
(Antons, 1978: 56-57)

Contemple detalladamente la imagen de la dama. Retenga en la memoria los puntos abajo mencionados. Tiene usted tres minutos, aproximadamente, para leer y observar todos los detalles. Pasado el tiempo destruya (guarde) este mensaje y comunique a uno de sus vecinos «*A*» (izquierda o derecha) las características de la espía infiltrada, éste se lo comunicará a «*B*», «*B*» a «*C*», y así sucesivamente, el último miembro del grupo las escribe en un papel y las lee al grupo:

1. Es la imagen de una dama.
2. Tiene una pluma en el pelo.
3. Lleva un pañuelo en la cabeza.
4. Lleva una piel alrededor del cuello.
5. La pluma del pelo está combada.
6. El color de la piel es igual al del pelo.
7. El pañuelo de la cabeza tiene pliegues y no está liso.
8. El pañuelo de la cabeza no cubre la parte delantera del pelo.
9. El pelo parece que es muy oscuro.
10. La edad de la dama es aproximadamente...

(¡Por favor, adivínela!)

4.3. Sesiones curriculares

Las sesiones que se desarrollan a continuación, responden al interés que, en nuestra opinión, suscita la aplicación de las técnicas de trabajo en grupo al aula, para el desarrollo de conceptos, procedimientos y actitudes propios del desarrollo curricular de la educación formal. Interés, por otra parte, que emana del conocimiento de aplicaciones rígidas de estas técnicas a la realidad educativa del aula y que, por su falta de flexibilidad, encuentran una ausencia en las realizaciones cotidianas del docente.

Nuestro propósito no es más que proporcionar una muestra de cómo la aplicación de esta metodología puede mejorar la práctica docente y facilitar su adaptación a los presupuestos de partida fijados por la actual realidad educativa.

En las sesiones desarrolladas a continuación se proponen pautas de actuación sobre contenidos extraídos del diseño curricular base de las distintas etapas educativas, lo que esperamos configure un ejemplo válido de las posibilidades que puede suponer esta metodología tanto para la función del docente, como para el aprendizaje de los alumnos.

4.3.1. Física. El concepto de rozamiento y su efecto sobre la velocidad

Introducción

La sesión que desarrollamos a continuación está diseñada para su adaptación al nivel correspondiente al tratamiento del concepto de rozamiento, ya sea en Educación Primaria, en la asignatura de *Conocimiento del medio natural, social y cultural*, en Educación Secundaria Obligatoria, como *Ciencias de la naturaleza*, o en Bachillerato como *Física*, quedando a la responsabilidad del docente la adaptación a las exigencias del grupo y de la materia a impartir.

Objetivo

Que los alumnos descubran cómo afectan las condiciones de rozamiento de una superficie a un objeto que se desplaza sobre una superficie.

Materiales

— Una tabla, carpeta, cartulina o cualquier otra superficie que los alumnos puedan utilizar como base para la sesión.
— Una regla, bolígrafo, lápiz, etc., que nos sirva para determinar la longitud del desplazamiento.
— Una canica.
— Arena o tierra.
— Un cronómetro.
— Una tabla de doble entrada que refleje, en el eje de abscisas, las distintas fases del experimento, y en el de ordenadas, los tiempos de realización de las mismas.

Duración

El desarrollo de esta sesión requiere el tiempo mínimo de 50 minutos. Puede ser ampliada a varias sesiones, en función de las actividades de agrupamiento que se realicen.

Lugar

Para el desarrollo de esta sesión, se requiere un mínimo espacio, por lo que se sugiere que la actividad se desarrolle en el aula espaciando las mesas de los alumnos, de forma que puedan desarrollar la actividad en el suelo.

Grupos

Los alumnos formarán grupos de cuatro miembros, teniendo en cuenta que algún grupo puede tener un miembro más, en función del número total de alumnos del aula.

Desarrollo

En primer lugar, se procederá a indicar a los alumnos que retiren las mesas y sillas del centro del aula, en la medida de lo posible, creando el espacio suficiente para el desarrollo de la actividad.

Para el inicio de la sesión se dividirá a los alumnos del aula en grupos de cuatro miembros utilizando un sistema aleatorio, como puede ser el siguiente: se solicita a los alumnos que escriban en un papel dos números de dos cifras; una vez lo hayan hecho, se les indicará que deben sumar las dos cantidades. Tras lo cual se procederá a dividir el aula en dos grupos, en función de si el resultado de la suma de los dos números es cifra par o impar. Una vez formados los dos grupos, se solicitará que realicen la misma actividad. Formados los cuatro grupos, se deberán colocar en cuatro filas de una columna, de las que surgirán los cuatro componentes de cada uno de los grupos, es decir, los primeros de cada fila formarán un grupo; los segundos, otro, y así sucesivamente. Hay que recordar que esta agrupación es una orientación y que se puede emplear cualquier otro tipo, en función de los tiempos planificados para el desarrollo de la sesión y de las relaciones intergrupales del aula.

Una vez formados los grupos, cada uno de ellos colocará en el suelo la superficie, formando un pequeño ángulo (para lo cual se pueden utilizar un par de libros, un estuche, etc.), de manera que determine la pendiente para la realización del experimento. A continuación, se situará el lápiz de forma vertical respecto de la pendiente, delimitando la trayectoria de bajada que seguirá la canica. La finalidad de esta delimitación es que podamos controlar el recorrido de la esfera en las distintas fases del experimento. Posteriormente, se procederá a situar la canica en el extremo más alto de la guía (lápiz, regla, bolígrafo...) y se soltará, teniendo en cuenta que se debe registrar, en la tabla de doble entrada, el tiempo tardado en realizar el desplazamiento, para así facilitar la comprobación experimental de la actividad que desarrollamos.

Tras la realización de esta fase, se procederá a cubrir la superficie con una pequeña capa de arena o tierra, repitiendo el experimento anterior. Es aconsejable no mover la guía de la superficie, a fin de no modificar el trayecto inicial. A continuación se anota el tiempo tardado en realizar el desplazamiento. Los alumnos podrán observar que el tiempo aumenta al realizar el descenso sobre una superficie que proporciona un mayor rozamiento. Hay que tener en cuenta que, en esta segunda fase, el profesor debe controlar que la tierra colocada en la superficie de desplazamiento no sea excesiva e impida el movimiento de la canica.

Por último, se añade más arena a la superficie y se repite la experiencia, anotando este tiempo en la tabla y, en caso de ser nulo el movimiento, hacerlo explícito en la misma.

Tras la realización de estas tres fases de experimentación, los alumnos analizarán (en pequeño grupo, siguiendo la distribución inicial) qué ha pasado en cada fase y el porqué de la variación en los tiempos de desplazamiento si la superficie era la misma; para ello, dispondrán de 10 minutos, durante los que deberán añadir a la tabla de los tiempos comentarios a cada una de sus fases y, en su parte inferior, la conclusión a la que han llegado después de todo el proceso. El profesor añadirá que no olviden calcular la velocidad de la canica en cada una de sus fases, ya que conocen el tiempo y también lo que mide el lápiz, que es el desplazamiento realizado ($v = e/t$); de esta manera tendrán un elemento más para extraer sus conclusiones, al tiempo que refuerzan contenidos anteriores.

Cuando finalicen los 10 minutos de reflexión intragrupos, se procederá a la exposición de las conclusiones de cada uno, de forma resumida, pudiendo realizarla en forma de debate en gran grupo o por exposición de grupos o representantes de los mismos. Tras esta puesta en común, formarán grupos mayores, uniéndose de dos en dos grupos, resultando grupos de 6-8 miembros y buscarán situaciones cotidianas en las que suceda lo mismo que lo experimentado, para lo que dispondrán de 10 minutos, tras los cuales, se irán apuntando en la pizarra las situaciones aportadas por los grupos. Finalizada la intervención de todos ellos, se realizará una breve reflexión analizando las distintas aportaciones y su ajuste al concepto de rozamiento.

Esta sesión se puede ajustar a su realización en una hora de clase (50 minutos), y su finalidad es la clarificación del concepto de rozamiento, tras lo cual se podrá introducir la formulación pertinente y proceder a la resolución de problemas más abstractos, tomando como punto de partida el aprendizaje realizado del concepto.

El modelo de aprendizaje fomentado en esta sesión es experiencial reflexivo y permite la adaptación del esquema de sesión a otros contenidos del mismo tipo.

Con esta sesión introductoria al concepto de rozamiento se pretende afianzar el concepto despertando la curiosidad sobre el mismo en situaciones cotidianas, comprobando el efecto que en ellas produce y facilitando, al mismo tiempo, la adquisición de conceptos más complejos que se asientan sobre el mismo.

Evaluación

La evaluación de este tipo de sesión es interna, de modo que, a medida que se desarrolla la sesión y, sobre todo, en las exposiciones y discusiones en pequeño y gran grupo, el docente puede analizar la comprensión y aprendizaje del concepto que se desarrolla en la misma.

Observaciones

Para el desarrollo de parte de esta sesión nos hemos basado en la técnica de grupo conocida como «*Phillips 66*» (Fuentes, Ayala, De Arce y Galán, 1997: 126) y cuya ficha explicativa anexamos a continuación.

<table>
<tr><td colspan="3" align="center">PHILLIPS 66</td></tr>
<tr><td>Finalidad</td><td colspan="2">Favorecer la participación en un grupo relativamente numeroso.</td></tr>
<tr><td>Utilidad</td><td colspan="2">Discusión de un tema concreto. Toma de decisiones en un gran grupo.</td></tr>
<tr><td>Desarrollo</td><td colspan="2">División en grupos de seis personas, que discuten durante 6 minutos y mediante portavoces expresan el punto de vista del grupo concreto al resto de participantes.</td></tr>
<tr><td>Materiales</td><td colspan="2">Se precisa la documentación necesaria para fundamentar el debate.</td></tr>
<tr><td>Tamaño del grupo</td><td colspan="2">Esta técnica está diseñada para un grupo de tamaño grande o medio.</td></tr>
<tr><td>Tiempo</td><td colspan="2">El tiempo aproximado en que debe transcurrir la técnica es de media hora.</td></tr>
<tr><td>Lugar</td><td colspan="2">Preferiblemente una sala con mobiliario móvil, para facilitar la reunión de los grupos.</td></tr>
<tr><td rowspan="2">Aplicaciones educativas</td><td align="center">Alumnos</td><td align="center">Docentes</td></tr>
<tr><td>
<ul>
<li>Que tomen decisiones participativas.</li>
<li>El autodescubrimiento de lagunas en el aprendizaje escolar, construyendo su propio conocimiento.</li>
<li>Expresión de malestares en el aula.</li>
</ul>
</td><td>
<ul>
<li>Expresión ante distintas alternativas de resolución.</li>
<li>Reunir información sobre hechos que conmocionan, llevando a la desorganización de las reuniones.</li>
<li>Diferencias de criterios, para analizar y comprender los distintos enfoques.</li>
<li>El estudio de los pros y los contras de las alternativas aportadas.</li>
</ul>
</td></tr>
<tr><td>Observaciones</td><td colspan="2">El desarrollo de esta técnica es orientativo, y no es preciso que los componentes de los grupos sean seis, ni que el tiempo de debate sea el mismo; el docente debe acomodar los datos a las características concretas de su grupo. Esta técnica se puede completar con la de «discusión en panel», en la fase de exposición de los representantes de los diferentes grupos.</td></tr>
<tr><td>Gráfico de comunicación</td><td align="center">Comunicación en pequeño grupo</td><td align="center">Comunicación en gran grupo</td></tr>
</table>

Fuentes, Ayala, De Arce y Galán, 1997: 126.

4.3.2. Lenguaje. Análisis morfológico y sintáctico de oraciones simples

Introducción

El tema abordado en esta sesión representa un elemento recurrente desde la Educación Primaria al Bachillerato, en la asignatura de *Lengua castellana y Literatura*, que obviamente aumenta la profundidad en su análisis a medida que se avanza en los distintos cursos, niveles y ciclos. Así, la adaptación de esta sesión se podrá plantear en función de estos distintos niveles.

Objetivo

Que los alumnos aprendan a diferenciar morfológicamente los tipos de palabras y asimilen las funciones que realizan dentro de la oración.

Materiales

— Cartulinas de colores.
— Rotuladores.

Duración

El desarrollo de esta sesión se puede llevar a cabo en una sola sesión de clase (50 minutos), aunque es recomendable que se empleen al menos dos sesiones lectivas.

Lugar

Se requiere un espacio amplio, para que los alumnos puedan desplazarse y ordenarse sin dificultades.

Grupo

Se partirá de dos grupos generales, desde los que se distribuirán las funciones.

Desarrollo

Partiendo de una explicación de los tipos de palabras y las funciones que cumplen en la oración, por parte del profesor, se procederá a dividir el aula formando dos grupos que deberán elaborar una frase simple.

Una vez formados los grupos, los miembros de los mismos procederán a escoger la oración que van a representar, tras lo cual deberán escribir cada palabra de la misma en una cartulina, delimitando qué tipo de palabra es y por qué creen que es de ese tipo, escribiéndolo en el reverso de cada cartulina, es decir, realizarán el análisis morfológico de cada una de las palabras que forman la frase.

Una segunda cartulina por cada palabra servirá para que el grupo escriba la función que realiza cada palabra dentro de la oración, elaborando, así, el análisis sintáctico de la frase en cuestión; de manera que a cada palabra corresponderán dos cartulinas, una con la palabra y su análisis morfológico y otra con su análisis sintáctico.

Finalizada esta actividad, los alumnos de cada grupo se situarán en dos filas enfrentadas, la primera formada por las palabras de la oración y la segunda por las funciones que éstas desempeñan, teniendo en cuenta que el equipo contrario no debe ver ni el análisis sintáctico ni el morfológico de la frase. Colocados de esta manera, un equipo sólo podrá ver la oración escogida por sus oponentes.

El siguiente paso es el de la competición por equipos, en los que cada acierto del análisis morfológico o sintáctico, de la frase del equipo contrario, sumará un punto al propio grupo. Para ello, el grupo 1 pondrá la primera palabra en alto y el portador de la misma preguntará por su análisis morfológico (¿qué tipo de palabra es ésta?), respondiendo el primer miembro del grupo 2. Tras ello, se preguntará por su función sintáctica (¿qué función cumple esta palabra en la oración?), y otro miembro del grupo 2 responderá. Así, se procederá hasta finalizar las oraciones de los dos grupos, sumando, a continuación, los puntos obtenidos por cada uno de ellos.

El desarrollo de esta actividad se puede repetir en varias sesiones, alterando la formación de los grupos, a fin de evitar conflictos fruto de la confrontación permanente.

Evaluación

En este tipo de sesiones, además de ayudar a los alumnos a reforzar los conocimientos explicitados por el profesor, se busca proporcionar al docente una forma de comprobar la adquisición de los distintos conceptos que se incluyen en esta unidad, lo que puede proporcionarle un indicador del nivel general y las aportaciones individuales de cada integrante del grupo. Al mismo tiempo, aunque se trata de una competición, se refuerza la cohesión del pequeño grupo, se alivian tensiones y se proporcionan estrategias para evitar el rechazo dentro del mismo.

Observaciones

Para el desarrollo de ciertos aspectos de esta sesión nos hemos basado en las técnicas grupales *«El premio»* y *«Puzzle»* (Fuentes, Ayala, De Arce y Galán, 1997: 105, 127), que reproducimos a continuación.

<table>
<tr><td colspan="3" align="center">EL PREMIO</td></tr>
<tr><td>Finalidad</td><td colspan="2">Favorecer el espíritu de equipo, la cooperación entre miembros de un mismo subgrupo y la solidaridad.</td></tr>
<tr><td>Utilidad</td><td colspan="2">Mediatizar, a través de recompensas, la cooperación entre los alumnos, favoreciendo un aprendizaje constructivo y una ayuda en el mismo.</td></tr>
<tr><td>Desarrollo</td><td colspan="2">El animador explica, al proponer la técnica, que el éxito de los subgrupos dependerá de la preparación de todos los miembros del grupo, y que la evaluación se realizará en función del rendimiento de todos ellos. Tras esto, se forman grupos que trabajarán sobre un tema que habrá sido introducido mediante una exposición o la consulta en distintos textos. Al finalizar este trabajo, el docente planteará una serie de preguntas a un miembro de un subgrupo; si la respuesta es correcta, el grupo recibe dos puntos; si para responder debe consultar al resto del grupo, y la respuesta es correcta, reciben un punto; si tras la consulta no conocen la respuesta, no se les concede puntuación alguna. Después de una serie de rondas, se contabilizan los puntos y se proclama al equipo ganador. Por lo que, en este caso, la puntuación de cada sujeto estará en función de la obtenida por el grupo.</td></tr>
<tr><td>Materiales</td><td colspan="2">Los necesarios para la ampliación y consulta de la temática expuesta por el animador.</td></tr>
<tr><td>Tamaño del grupo</td><td colspan="2">El tamaño, al igual que en otras técnicas similares, no es significativo, pero sí ha de ser igual en todos los subgrupos resultantes.</td></tr>
<tr><td>Tiempo</td><td colspan="2">El tiempo dependerá de la amplitud de la temática tratada, pero, en cualquier caso, el proceso total no debe superar las dos horas.</td></tr>
<tr><td>Lugar</td><td colspan="2">Preferiblemente un aula con mobiliario móvil.</td></tr>
<tr><td rowspan="2">Aplicaciones educativas</td><td>Alumnos</td><td>Docentes</td></tr>
<tr><td>• Fomentar el aprendizaje cooperativo, de modo que los más adelantados ayuden a los rezagados.</td><td></td></tr>
<tr><td>Observaciones</td><td colspan="2">La formación de los grupos debe correr a cargo del animador, para que queden equilibrados en cuanto a capacidad intelectual y motivación.</td></tr>
<tr><td>Gráfico de comunicación</td><td colspan="2"></td></tr>
</table>

Fuentes, Ayala, De Arce y Galán, 1997: 105.

PUZZLE

Finalidad	Favorecer actitudes de interdependencia positiva entre los miembros de un equipo.
Utilidad	Fomentar actitudes de responsabilidad y compromiso con el grupo, generando valores de solidaridad e implicación, mediante la supeditación de los intereses personales a los del grupo, favoreciendo de este modo la valoración de las normas sociales de convivencia.
Desarrollo	Se distribuyen los alumnos en grupos, y se le da a cada miembro una viñeta de una historia o una tarjeta con información. Los miembros han de cooperar para reconstruir la historia o dar la solución al problema. Del mismo modo, se pueden suministrar otras tarjetas con información para orientar la solución.
Materiales	Se necesitan cartulinas o fotografías, según la variante, y rotuladores para construir los mensajes de información.
Tamaño del grupo	Esta técnica se debe desarrollar en pequeños grupos. La dificultad para plantearla en un grupo de tamaño medio o grande es la posibilidad de crear mensajes con varias interpretaciones, sobre los que sería más difícil plantear el desarrollo.
Tiempo	Se calculan 15 minutos, aunque el tiempo se acomodará a la edad de los sujetos y a la complejidad de la tarea.
Lugar	Preferiblemente una sala con mesas grandes o con el mobiliario móvil.

Aplicaciones educativas	**Alumnos**	**Docentes**
	• Impulsar el desarrollo de capacidades y habilidades de cooperación. • Favorecer la integración de información.	

Observaciones	Esta técnica se puede complementar con la de equipos-juegos-competición en caso de aplicarla a un grupo de mediano o gran tamaño.
Gráfico de comunicación	

Fuentes, Ayala, De Arce y Galán, 1997: 127.

4.3.3. Historia. El siglo XIX

Introducción

La Historia es una materia abordada desde tres asignaturas distintas, en función del nivel educativo en que se trate; en Educación Primaria, la más genérica, *Conocimiento del medio natural, social y cultural*; en Educación Secundaria Obligatoria, *Ciencias sociales, Geografía e Historia*; y, en Bachillerato, *Historia*. El cambio de denominación responde a la concreción y nivel en el desarrollo de los contenidos a desarrollar, así como a la profundidad de los mismos, que habrá de ser definida por el profesor en cada momento.

Objetivo

Que los alumnos adquieran una visión general de los fenómenos sociopolíticos del siglo XIX.

Materiales

— Prensa.
— Esquema de la evolución sociopolítica.
— Cartulinas.
— Rotuladores.
— Tijeras.
— Pegamento.

Duración

El desarrollo de esta sesión se puede llevar a cabo a lo largo de dos o tres sesiones lectivas, en función de la profundidad con que se desee abordar el trabajo asignado.

Lugar

Es aconsejable que los grupos se distribuyan en el aula de forma que queden distanciados para no entorpecerse en su trabajo.

Grupos

Los alumnos formarán cuatro grupos, cada uno de ellos tendrá por objeto un cuarto del siglo XIX.

Desarrollo

El primer paso a dar, como en cualquier sesión de este tipo, es la formación de los cuatro grupos que servirán de base para el desarrollo de la misma. Para este fin, se procederá a la realización de un sorteo colocando en una bolsa papeles marcados con el número 1, el 2, el 3 o el 4, tantos como alumnos haya en el aula. Una vez introducidas todas las papeletas en la bolsa, los alumnos se irán acercando por orden e irán extrayendo una papeleta por alumno, que les irá indicando el grupo al que pertenecen.

Una vez formados los cuatro grupos, se le asignará a cada uno de ellos la etapa del siglo que deberán proceder a analizar, a partir de un esquema de los fenómenos socio-políticos acontecidos a lo largo de todo el siglo, proporcionado por el profesor.

Partiendo de la formación de grupos de unos siete miembros, aproximadamente, éstos deberán profundizar en la época asignada, recogiendo formas de gobierno, características de la política desarrollada, posesiones del imperio español, política internacional, economía nacional, etc., y de todos aquellos aspectos que considere oportunos el docente para el desarrollo de la unidad temática.

Tras realizar este trabajo de recogida de información, los alumnos deberán contrastar esta información con los titulares de la prensa actual, seleccionando aquellos que se puedan adaptar a las características de la época analizada. Con este material deberán confeccionar un póster que recoja las características de los 25 años analizados; hay que advertir que, en caso de necesidad, los alumnos podrán inventar sus propios titulares.

Finalizada la elaboración de los pósters, éstos se expondrán en el aula, formando un recorrido, emulando un museo. Los alumnos reunidos ya en un solo grupo, irán contemplando el trabajo de sus compañeros, que se acompañará de una explicación por parte de los mismos de la información recogida y del sentido de la selección de ésta y no de otra, al tiempo que cada grupo responderá a las preguntas planteadas por el resto de los compañeros.

El desarrollo de esta actividad se puede realizar en una o en varias sesiones, puesto que el desarrollo de material requiere tiempo para su confección, por lo que se puede optar entre dedicar las horas de clase a esta tarea o plantearla como trabajo para realizar en horas libres.

Evaluación

La evaluación de este tipo de actividad responde a un criterio grupal, en función del trabajo final realizado por la totalidad del grupo, y un criterio individual, puesto que en el apartado dedicado a la exposición y respuesta de preguntas, los alumnos y el docente pueden dirigirse a cualquiera de los integrantes del grupo para que responda a la cuestión planteada. Se puede introducir la propuesta de que cada integrante del grupo sólo pueda responder a una pregunta.

Observaciones

Para el desarrollo de algunos aspectos de esta sesión nos hemos basado en las técnicas de trabajo en grupo *«Panel integrado»*, *«Discusión en panel»*, *«Grupo herradura»*, *«Simposio»* (Fuentes, Ayala, De Arce y Galán, 1997: 100, 111, 125, 133), que reproducimos a continuación.

PANEL INTEGRADO

Finalidad	La participación de todos los integrantes del grupo/aula.
Utilidad	Implicación personal de cada uno de los miembros en el tema discutido. Favorece las relaciones interpersonales y el espíritu de colaboración.
Desarrollo	En primer lugar, hay que dividir a los integrantes en subgrupos, siendo muy importante que todos tengan el mismo número de miembros. Cada uno de los subgrupos realiza el mismo trabajo, ocupándose cada integrante de un aspecto distinto. La segunda fase sería aquella en que se reúnen todos los integrantes de los subgrupos que han tratado un mismo aspecto, a modo de expertos, compartiendo los aprendizajes que han realizado en sus distintos subgrupos.
Materiales	Se requiere el material de trabajo dividido en aspectos distintos, de modo que cada integrante se informe del aspecto que le corresponde dentro del subgrupo, sin que los demás tengan acceso a la información, y, por tanto, sea él quien deba darla a conocer dentro del mismo.
Tamaño del grupo	Mediano o gran grupo.
Tiempo	Una hora para el trabajo inicial y media hora para la puesta en común de los expertos.
Lugar	Preferentemente, una sala con mobiliario móvil, para facilitar la reunión y cambio de los grupos.

Aplicaciones educativas	**Alumnos**	**Docentes**
	• Se puede aplicar a cualquier temática tratada en el aula.	

Observaciones	En esta técnica el facilitador o animador debe controlar que todos participen de modo que se cree una dinámica de trabajo compartido, sin generar conductas individualistas y situaciones de discriminación por el control de la información.
Gráfico de comunicación	

Fuentes, Ayala, De Arce y Galán, 1997: 125.

DISCUSIÓN EN PANEL	
Finalidad	La finalidad es favorecer que un auditorio conozca diversas orientaciones, enfoques o aspectos de un mismo tema.
Utilidad	Esta técnica ha quedado reducida a actos formales, en los que se trata un único tema desde distintas perspectivas que mantienen especialistas en la temática.
Desarrollo	Consiste en una discusión que mantiene un grupo reducido de especialistas ante un público que puede intervenir al final de las exposiciones haciendo las preguntas que considere oportunas.
Materiales	Ningún material específico, aunque se puede incluir el currículum vitae de los ponentes y algún tipo de material que anticipe la línea de sus aportaciones.
Tamaño del grupo	El número de especialistas que forman la mesa de expertos se considera que debe ser de 5 a 7, y el auditorio es ilimitado.
Tiempo	No hay un tiempo concreto para su desarrollo, pero se considera que la primera exposición de los ponentes debe ser de 10 a 15 minutos, para su posicionamiento inicial, y las posteriores intervenciones no deben superar los 5 minutos. En total se calcula alrededor de una hora y media.
Lugar	El espacio idóneo para su desarrollo es un salón de actos, en el que los ponentes se sitúan en una tarima desde donde pueden ser observados por todos los asistentes.

Aplicaciones educativas	Alumnos	Docentes
	• Explicitación pública del trabajo en profundidad desarrollado por un grupo del aula. • Exposición clara y ordenada de divergencias en determinados temas.	• Medio de promocionar la interdisciplinariedad. • Exposición clara y ordenada de divergencias en determinados temas.

Observaciones	En nuestra opinión, en este tipo de discusiones, también llamadas mesas redondas, es primordial el papel del moderador o coordinador.
Gráfico de comunicación	Comunicación Pequeño Grupo · Comunicación Gran Grupo

Fuentes, Ayala, De Arce y Galán, 1997: 100.

GRUPO HERRADURA	
Finalidad	Crear un clima de acomodación al cambio metodológico en el aula.
Utilidad	Facilitar la alternancia entre la clase magistral y el trabajo en subgrupos.
Desarrollo	El educador introduce el tema y plantea la tarea a realizar. Esta tarea ha de poder realizarse en un breve espacio de tiempo, para permitir que el grupo, después de la exposición de las conclusiones de los diversos subgrupos y de la discusión efectuada, llegue a una conclusión sobre el trabajo realizado. Se termina con un resumen de los trabajos de los subgrupos y de los aprendizajes realizados a través de la exposición conjunta.
Materiales	Los necesarios para la exposición del tema.
Tamaño del grupo	El tamaño del grupo no es relevante para el desarrollo de esta técnica.
Tiempo	Diez minutos para la introducción del tema y planteamiento de la tarea; veinte minutos para el debate y exposición de los subgrupos, y media hora para consensuar el factor común del trabajo realizado y exponer los trabajos y aprendizajes de cada grupo.
Lugar	Preferiblemente, un aula con mobiliario móvil para facilitar la agrupación de los alumnos.

Aplicaciones educativas	Alumnos	Docentes
	• Facilita la integración de contenidos y permite el trabajo de forma colaborativa en los contenidos de las materias, favoreciendo la motivación e implicación en la construcción del propio aprendizaje.	• Permite la aplicación de metodologías distintas a la tradicional y su combinación para facilitar la asimilación de los contenidos para los alumnos.

Observaciones	Aunque se sugiere una temporalización concreta, ésta se pondrá en función del tamaño del grupo y del número de subgrupos que se formen.
Gráfico de comunicación	

Fuentes, Ayala, De Arce y Galán, 1997: 111.

<table>
<tr><th colspan="3" style="text-align:center">SIMPOSIO</th></tr>
<tr><td>Finalidad</td><td colspan="2">Favorecer que un auditorio conozca diversos aspectos de un mismo tema.</td></tr>
<tr><td>Utilidad</td><td colspan="2">Presentar organizadamente información sobre un tema, ofrecer opiniones autorizadas respecto a él y ayudar a comprender las relaciones entre los distintos aspectos de un problema.</td></tr>
<tr><td>Desarrollo</td><td colspan="2">Consiste en una sucesión de breves exposiciones sobre diferentes aspectos de un mismo tema realizadas por expertos (entre 2 y 5) coordinados por un moderador.</td></tr>
<tr><td>Materiales</td><td colspan="2">La técnica en sí no necesita de material alguno. Puede resultar interesante, no obstante, dar al auditorio documetación escrita que les introduzca en el tema, que sintetice las exposiciones, etc.</td></tr>
<tr><td>Tamaño del grupo</td><td colspan="2">Válida para grupos de cualquier dimensión.</td></tr>
<tr><td>Tiempo</td><td colspan="2">Las exposiciones deben durar entre 5 y 15 minutos cada una, ya que de ser más largas no se asegura la actitud de escucha del auditorio. El tiempo total debe estar entre los 30 y 75 minutos.</td></tr>
<tr><td>Lugar</td><td colspan="2">Preferentemente, un salón de actos.</td></tr>
<tr><td rowspan="2">Aplicaciones educativas</td><td style="text-align:center">Alumnos</td><td style="text-align:center">Docentes</td></tr>
<tr><td>• Conocimiento o profundización en un tema concreto.</td><td>• Presentación de información de forma estructurada y rigurosa.</td></tr>
<tr><td>Observaciones</td><td colspan="2">El moderador debe conocer suficientemente el tema, tener facilidad para expresarse en público y experiencia en la dirección de ésta o similares técnicas.
A los conferenciantes ha de proporcionárseles información clara del aspecto que les corresponde tratar y del nivel de conocimiento del auditorio al respecto.</td></tr>
<tr><td>Gráfico de comunicación</td><td colspan="2"></td></tr>
</table>

Fuentes, Ayala, De Arce y Galán, 1997: 133.

4.3.4. Biología. El sistema circulatorio

Introducción

En el Sistema Educativo actual el conocimiento del cuerpo humano se concreta en distintos niveles, en función de la generalidad de los aspectos abordados. Así, en Educación Primaria, es tratado desde la asignatura de *Conocimiento del medio natural, social y cultural;* en Educación Secundaria Obligatoria aumenta su especificidad y se incardina en las *Ciencias de la naturaleza;* y, por último, en Bachillerato, se abordan estos contenidos desde la asignatura de *Biología.* Sin duda alguna, desde uno u otro nivel de especificación, es de vital importancia el conocimiento del cuerpo humano, así como los órganos y funciones de los mismos, para el posterior asentamiento de conocimientos, procedimientos y actitudes relacionados, entre otras cosas, con los estilos y la calidad de vida.

Objetivo

Que los alumnos conozcan el funcionamiento del sistema circulatorio y los órganos implicados en el mismo.

Materiales

— Pintura de dedos (azul y roja).
— Folios.

Duración

El desarrollo de esta sesión se puede ajustar a los 50 minutos de duración de una hora lectiva, aunque es preferible diferenciar en dos jornadas la fase de agrupación, de la puramente grupal.

Lugar

Se requiere de un espacio amplio y despejado donde los alumnos puedan moverse libremente. Se puede aprovechar el aula, dejando pasillos despejados, para delimitar el camino del torrente sanguíneo.

Grupos

Se formarán dos grupos, el primero que representará los órganos implicados en el sistema circulatorio, y el segundo que representará el torrente sanguíneo.

Desarrollo

El primer paso a dar para el desarrollo de la actividad, será la división de los alumnos en dos grupos, el primero formado por doce alumnos, que representarán los órganos del sistema circulatorio, y el segundo por el resto de alumnos del aula, que representarán el torrente sanguíneo.

Para la formación de estos dos grupos se puede realizar la siguiente actividad (advirtiendo a los alumnos que deberán responder al finalizar el enunciado de la pregunta): se plantearán doce preguntas sobre el sistema circulatorio, o sobre cualquier otra cuestión que el profesor considere oportuna; el primero en responder a la misma se situará junto a la mesa del profesor. Así, se diferenciará a los doce que formarán los órganos implicados en el sistema circulatorio. Para la división de éstos en tres grupos de cuatro miembros, se procederá a indicarles que se sitúen en tres filas, formando cada uno de los tres grupos que representarán los distintos órganos; el primero hará el papel del corazón (cuatro miembros); el segundo representará los pulmones (cuatro miembros), y el tercero hará de las células receptoras de oxígeno. Para su distribución por el aula, se pueden utilizar las mesas, fijando el camino de los sistemas circulatorios mayor y menor.

Una vez situados los miembros que representarán los órganos implicados en el sistema circulatorio, el segundo grupo —los que representan el torrente sanguíneo— se colocará el folio en un lugar bien visible (colgado en el pecho, por ejemplo), y se les explicará el recorrido. El *«torrente»* partirá de los pulmones, donde se les pondrá el color azul (adquisición de oxígeno), de allí se dirigirán al corazón, donde se les impulsará (empujón simulado) a las células, donde se les pondrá el color rojo (como símbolo de la entrega del oxígeno y recepción del CO_2). Desde este punto, volverán al corazón, donde se les impulsará de nuevo, pero en este caso hacia los pulmones, donde volverán a ser coloreados de azul.

Para la explicitación del camino a seguir se utilizarán carteles con nombre y colores, que indiquen los sistemas circulatorios mayor y menor.

De esta manera, los alumnos conocerán de forma fácil los órganos implicados en el proceso y el funcionamiento del sistema circulatorio, al tiempo que realizan una actividad lúdica.

Evaluación

La evaluación de la actividad vendrá dada por la realización de la misma, teniendo en cuenta que el docente debe estar atento a las confusiones en la circulación de los alumnos, para poder detectar posibles *«lagunas»* en el aprendizaje de los conceptos implicados.

Observaciones

Para el diseño de algunos aspectos de esta sesión nos hemos basado en las técnicas grupales *«Juego de rol»* y *«La máquina»* (Fuentes, Ayala, De Arce y Galán, 1997: 114, 116) que reproducimos a continuación.

<table>
<tr><td colspan="2" align="center"><h2>JUEGO DE ROL O ROLE-PLAYING</h2></td></tr>
<tr><td>Finalidad</td><td>Ensanchar el campo de experiencias de los individuos, bien poniéndoles en contacto con una realidad distinta de la habitual, bien en una situación que les facilite el acceso a pensamientos, sentimientos o sensaciones que normalmente permanecen fuera de su campo de conciencia.</td></tr>
<tr><td>Utilidad</td><td>La posibilidad de los participantes de hacer descubrimientos respecto de ellos mismos y del entorno, y de realizar esfuerzos encaminados a incrementar su flexibilidad y capacidad de comprensión del medio.</td></tr>
<tr><td>Desarrollo</td><td>En primer lugar, los miembros del grupo hablan libremente hasta concretar la situación que van a representar y los actores que participarán en la representación; los papeles pueden definirse mediante una aclaración escrita de sus rasgos, o puede dejarse su configuración a cada uno de los actores.
El role-playing consiste en la representación de una acción dramática por parte de algunos miembros del grupo, mientras el resto de participantes actúa de público durante la representación.
Una vez terminada la función, el grupo se reúne para opinar sobre la actuación, lo que permitirá analizar la situación representada.</td></tr>
<tr><td>Materiales</td><td>En su caso, la descripción de los rasgos personales de cada uno de los personajes.</td></tr>
<tr><td>Tamaño del grupo</td><td>El tamaño del grupo es variable, partiendo de un grupo de tamaño medio de 10 a 15 personas.</td></tr>
<tr><td>Tiempo</td><td>El tiempo de desarrollo estará en función del que se dedique a la dramatización; estimadamente, media hora en total.</td></tr>
<tr><td>Lugar</td><td>Se precisa un lugar con tarima o escenario, donde se pueda aislar la representación y sea visible por parte del resto del grupo.</td></tr>
<tr><td rowspan="2">Aplicaciones educativas</td><td><table><tr><td align="center">Alumnos</td><td align="center">Docentes</td></tr><tr><td>• Todas aquellas que el docente o los alumnos sean capaces de dramatizar.</td><td>• Posturas irreconciliables. Inversión de roles. Formación permanente.</td></tr></table></td></tr>
</table>

<table>
<tr><td>Gráfico de comunicación</td><td>1.ª Fase de representación   2.ª Fase de debate</td></tr>
</table>

Fuentes, Ayala, De Arce y Galán, 1997: 114.

<table>
<tr><td colspan="3" align="center">LA MÁQUINA</td></tr>
<tr><td>Finalidad</td><td colspan="2">Analizar cómo los miembros de un grupo pueden colaborar formando una unidad de trabajo integrada y permitiendo comprobar los procesos de liderazgo.</td></tr>
<tr><td>Utilidad</td><td colspan="2">Se trata de un ejercicio no verbal para analizar y reflexionar sobre los procesos de aprendizaje cooperativo.</td></tr>
<tr><td>Desarrollo</td><td colspan="2">Colocados todos los participantes en círculo, el educador anima al grupo a que construya una máquina utilizando sus propios cuerpos. Solicita a uno de los integrantes que efectúe un movimiento repetitivo y emita algún tipo de sonido, y anima al resto a que se le vayan uniendo hasta formar una totalidad en la que cada uno efectúa un movimiento y ruido diferentes representando, a su vez, una sola máquina. Transcurrido un tiempo prudencial, el educador detiene la actividad y solicita al grupo que analice las semejanzas y diferencias entre una máquina y un grupo de aprendizaje efectivo.</td></tr>
<tr><td>Materiales</td><td colspan="2">No se requieren materiales específicos para su desarrollo.</td></tr>
<tr><td>Tamaño del grupo</td><td colspan="2">Para el desarrollo de esta técnica no se precisa un tamaño de grupo determinado, aunque se recomienda un grupo pequeño o medio para su buena coordinación.</td></tr>
<tr><td>Tiempo</td><td colspan="2">El tiempo aproximado para llevar a cabo esta técnica es de 20 minutos.</td></tr>
<tr><td>Lugar</td><td colspan="2">Preferiblemente, un aula con espacio para que los miembros del grupo puedan moverse libremente.</td></tr>
<tr><td rowspan="2">Aplicaciones educativas</td><td align="center">Alumnos</td><td align="center">Docentes</td></tr>
<tr><td>
<ul><li>Fomentar el trabajo colaborativo.</li><li>Concienciar sobre la mejora que supone el trabajo en grupo, por su variedad de contribuciones.</li></ul>
</td><td></td></tr>
<tr><td>Observaciones</td><td colspan="2">Dado que se trata de una actividad no verbal y se plantea una dinámica corporal, el educador debe procurar que todos se impliquen en la dinámica y se cree un clima de confianza donde no importen las situaciones individuales, y, ante todo, no afecten a la imagen de los sujetos fuera del contexto de la dinámica.</td></tr>
<tr><td>Gráfico de comunicación</td><td colspan="2">1.ª Fase   2.ª Fase</td></tr>
</table>

Fuentes, Ayala, De Arce y Galán, 1997: 116.

LECTURAS RECOMENDADAS

Fuentes, P., Ayala, A., De Arce, J. F. y Galán, J. I. (1997). *Técnicas de trabajo individual y de grupo en el aula: de la teoría a la práctica*. Madrid: Pirámide.

Es un trabajo escrito en un lenguaje claro, sencillo y preciso, se caracteriza sobre todo por su carácter práctico, preparado para su aplicación a las características particulares de los procesos de enseñanza-aprendizaje.

Está dirigida tanto a formadores como a personas en formación y se puede aplicar indistintamente a campos tan diversos como el educativo, el social, el clínico, el laboral, etc. Para este fin se diferencian claramente dos partes: una teórica, dando consistencia a la aplicación posterior; y otra práctica que cuenta con cincuenta fichas sistematizadas de técnicas de trabajo grupal, diseñadas para su aplicación.

Con dicha obra, se pretende enriquecer el campo de las relaciones personales inter e intragrupo, con el referente básico de las prácticas educativas.

Jares, X. (1992). *El placer de jugar juntos: nuevas técnicas y juegos cooperativos* (2.ª ed.). Madrid: CCS

A veces pensamos que el juego es cosa de niños sin darnos cuenta de los beneficios que también puede aportar a jóvenes y adultos, independientemente de sexo, cultura, raza, etc. En esta obra encontramos ciento diez juegos indicados para el trabajo cooperativo; están orientados a trabajos de presentación, conocimiento, afirmación, confianza, comunicación, cooperación, distensión, etc.; en general, nos pueden ayudar a una formación integral de la persona.

Brunet, J. J. y Negro, J. L. (1988). *Tutoría con adolescentes*. Madrid: San Pío X.

Es un libro que, desde nuestro punto de vista, debe estar en todas las bibliotecas en que las relaciones interpersonales sean primordiales; está orientado a la acción tutorial. Se tratan, a nivel práctico, temas como el conocimiento personal y su mundo de relaciones; muestra ejercicios para organizar el trabajo en grupo, todo ello tras una breve introducción teórica a la teoría de los grupos.

Tejada, J. (1997). *Grupo y Educación: técnicas de trabajo y análisis*. Barcelona: Ediciones Librería Universitaria.

Es un trabajo que recoge, a nivel teórico, las líneas de trabajo básicas para el tratamiento de grupos recorriendo todas sus fases. En dicha obra se recoge, también, una serie de técnicas de trabajo en grupo bien estructuradas y de fácil aplicación.

Fabra, M. Ll. (1994). *Técnicas de grupo para la cooperación*. Barcelona: CEAC.

Es una obra que pretende ayudar, sobre todo, en el trabajo docente a través de las técnicas grupales. Tiene, como la misma autora manifiesta en su obra, la finalidad de *«fomentar las habilidades sociales y el desarrollo integral de los estudiantes»*.

BIBLIOGRAFÍA

Andreola, B. (1984). *Dinámica de grupo*. Santander: Sal Terrae.

Antons, K. (1978). *Práctica de la dinámica de grupos*. Barcelona: Herder.

Anzieu, D. y Martín, T. (1972). *La dinámica de grupos pequeños*. Buenos Aires: Kapelusz.

Ball, S. J. (1998). Big Policies/Small World: an introduction to international perspectives in education policy. *Comparative Education (34)* 2, 119-130.

Bandura, A. (1990). *Pensamiento y acción*. Barcelona: Martínez-Roca.

Beltrán, J. (1992). *Para comprender la psicología*. Estella: EVD.

Benavent, J. A. (1987). La Orientación en Grupo. En V. Álvarez Rojo (Ed.). *Metodología de la Orientación Educativa* Sevilla: Alfar.

Bernard, F. (1978). *Sociopedagogie de la formation des adultes*. París: ESF.

Blake, R. R., Mouton, J. S. y Allen, R. L. (1993). *El trabajo en equipo: qué es y cómo se hace*. Bilbao: Deusto.

Bourdieu, P. (1998). *Contre-feux: propos pour servir à la résistance contre l'invasion néo-libérale*. París: Liber.

Bravo, C. (1996). *Juegos de ayer para entrenar hoy/1*. Madrid: CCS.

Brunet, J. J. y Negro, J. L. (1988). *Tutoría con adolescentes*. Madrid: San Pío X.

Bruner, J. S. (1988). *Desarrollo cognitivo y educación*. Madrid: Morata.

Burgui, J. M. (1991). *Talleres Creativos. Para la escuela, para el tiempo libre*. Madrid: CCS.

Cartwright, D. y Zander, A. (1989). *Dinámica de grupos: investigación y teoría*. México: Trillas.

Coll, C. (1991). *Psicología y currículum*. Barcelona: Laia.

Cotarelo, R. (1996). Teoría del Estado. En E. Díaz y A. Ruiz (Eds.). *Filosofía Política II. Teoría del Estado, 15-23*. Madrid: Editorial Trotta.

Doherty, G. D. (1997). *Desarrollo de sistemas de calidad en la educación*. Madrid: La Muralla (versión original en inglés: *Developing quality systems in education*. Routledge, 1994).

Fabra, M. Ll. (1994). *Técnicas de grupo para la cooperación*. Barcelona: CEAC.

Ferrater Mora, J. (1980). *Diccionario de Filosofía*. Madrid: Alianza Editorial.

Fluri, H. (1992). *1.000 ejercicios y juegos de tiempo libre. Juegos y actividades de interior y al aire libre*. Barcelona: Hispano Europea.

Francia, A. (1995). *Educar en valores con anécdotas de la historia*. Madrid: San Pablo.

Fritzen, S. J. (1987). *La ventana de Johari*. Santander: Sal Terrae.

Fritzen, S. J. (1994). *70 ejercicios prácticos de dinámica de grupos*. Santander: Sal Terrae.

Fuentes, P., Ayala, A., De Arce, J. F. y Galán, J. I. (1997). *Técnicas de trabajo individual y de grupo en el aula: De la teoría a la práctica*. Madrid: Pirámide.

García Madruga, J. A. (1990). Aprendizaje por descubrimiento frente a aprendizaje por recepción: la teoría del aprendizaje verbal significativo. En C. Coll, J. Palacios y A. Marchesi (Comp.), *Desarrollo Psicológico y Educación II: psicología de la educación*. Madrid: Alianza.

Gewirtz, Sh. (1998). Conceptualizing social justice in education: mapping the territory. *Journal of Education Policy (13) 4*, 469-484.

Gibb, J. R. (1981). *Manual de dinámica de grupo*. Buenos Aires: Humanitas.

Gil, F. y García M. (1996). *Grupos en las organizaciones*. Madrid: Pirámide.

González Hernández, A. (1999) (Coord.). *Políticas de la educación*. Murcia: DM.

Jares, X. (1992). *El placer de jugar juntos: nuevas técnicas y juegos cooperativos* (2.ª ed.). Madrid: CCS

Jiménez, F. (1991). *La comunicación interpersonal: ejercicios educativos* (3.ª ed.). Madrid: ICCE.

Jones, Ph. W. (1998). Globalisation and Internationalism: democratic prospects for world education. *Comparative Education (34)* 2, 143-155.

Johnson, D. y Johnson, R. (1974). Instructional goal structure: Cooperative, competitive or individualistic. *Review of Educational Research, 44*, 312-340.

Johnson, D., Johnson, R. y Anderson, D. (1976). Effects of cooperative versus individualized instruction on student prosocial behavior, attributes forward learning and achievement. *Journal of Educational Psychology, 68*, 446-452.

Johnson, D., Johnson, R. y Skon, L. (1979). Student achievement on different types of task under cooperative, competitive and individualistic conditions. *Contemporary Educational Psychology, 4*, 99-106.

Lebrero, M. P. y Pérez Serrano, G. (1988). *Dinámica de grupos en el aula I: fundamentos.* Madrid: UNED.

Lebrero, M. P. y Pérez Serrano, G. (1990). *Dinámica de grupos.* Técnicas. Madrid: UNED.

Lê Thánh Khôi (1991). *L'éducation: cultures et sociétés.* París: Publications de la Sorbonne.

Levin, B. (1998). An Epidemic of Education Policy: (what) can we learn from each other? *Comparative Education (34) 2*, 131-141.

Lewin, K. (1963). *Resolving social conflicts.* Nueva York: Harper.

Ley Orgánica 1/1990, de 3 de octubre, de Ordenación General del Sistema Educativo. BOE núm. 238, de 4 de octubre de 1990.

Luft, J. (1992). *Introducción a la dinámica de grupos.* Barcelona: Herder.

Lyotard, J. F. (1989). *La condición postmoderna. Informe sobre el saber.* Madrid: Cátedra.

Maffesoli, M. (1997). *Du nomadisme. Vagabondages initiatiques.* París: Librairie Générale Française.

Maisonneuve, J. (1993). *La dinámica de los grupos.* Buenos Aires: Ediciones Nueva Visión.

Morin, E. y Naïr, S. (1997). *Une politique de civilisation.* París: Arléa.

Muchielli (1984). *La dinámica de grupos.* Madrid: Ibérico Europea Ediciones.

Muller, J. (1998). The Well-tempered Learner: self-regulation, pedagogical models and teacher education policy. *Comparative Education (34) 2*, 177-193.

Muñoz de Bustillo, R. (1993) (Comp.). *Crisis y futuro del estado de bienestar*. Madrid: Alianza Editorial.

Napier, R. W. y Gershenfeld, M. K. (1991). *Grupos: teoría y experiencia*. México: Trillas.

Nickerson, R. S., Perkins, D. N. y Smith, E. (1987). *Enseñar a pensar*. Madrid: Paidós.

Olssen, M. (1998). Education policy, the cold war and the «liberal-communitarian» debate, *Journal of Education Policy (13) 1*, 63-89.

Pallarés, M. (1990). *Técnicas de grupo para educadores*. Santander: Sal Terrae.

Petrella, R. (1997). *Écueils de la mondialisation: urgence d'un nouveau contrat social*. Montreal: Éditions Fides.

Ramonet, I. (1996). *Nouveaux pouvoirs, nouveaux maîtres du monde: un monde sans cap*. Montreal: Éditions Fides.

Riu, F. (1988). *Tothom té dret a l'educació*. Barcelona: SECC.

Rodwell, S. (1998). Internationalization or Indigenisation of Educational Management Development? Some issues of cross-cultural transfer. *Comparative Education (34) 1*, 41-54.

Sánchez Moro, C. (1991). *La convención sobre los derechos de los niños y las niñas: juegos*. Madrid: Ministerio de Asuntos Sociales [Dirección General de Protección Jurídica del Menor].

Sbandi, P. (1977). *Psicología de los grupos*. Barcelona: Herder.

Schäfers (1984). *Introducción a la sociología de los grupos*. Barcelona: Herder

Shaw, M. E. (1989). *Dinámica de grupo: psicología de la conducta de los pequeños grupos* (4.ª ed.). Barcelona: Herder.

Sharan, S. y otros (1980). Academic achievement of elementary school children in small groups versus whole-class instructions. *Journal of Experimental Education, 48*.

Sher, B. (1996). *Juegos estupendos con juguetes improvisados*. Barcelona: Martínez Roca.

Simon, P. y Albert, L. (1989). *Las relaciones interpersonales* (3.ª ed.). Barcelona: Editorial Herder.

Simon, P. y Albert, L. (1991). *Las relaciones interpersonales: manual del animador* (2.ª ed.) Barcelona: Herder.

Slavin, R. E. (1980). Cooperative learning. *Review of Educational Psychology, 2*, 315-342.

Slavin, R. E. (1990). *Cooperative Learning*. New Jersey: Prentice-Hall.

Tejada, J. (1997). *Grupo y Educación: técnicas de trabajo y análisis*. Barcelona: Ediciones Librería Universitaria.

Touraine, A. (1997). *¿Podremos vivir juntos? La discusión pendiente: el destino del hombre en la aldea global*. México: FCE (versión original en francés: *Pourrons-nous vivre ensamble? Égaux et différents*. París, Librairie Arthème Fayard, 1997).

UNESCO (1998). *Informe mundial sobre la educación*. París: UNESCO.

Vidal, J. y Manjón, D. (1992). *Cómo enseñar en la Educación Secundaria*. Madrid: EOS.

Villan Bruned, J. (1998). *La animación de grupos*. Madrid: Escuela Española.

Welch, A. R. (1998). The Cult of Efficiency in Education: comparative reflections on the reality and the retoric. *Comparative Education (34) 2*, 157-175.

Música

ABBA. The Music *Money, money, money* (vol. 1). Mirage (92024512).

Andión, P. (1996). *Sus grandes canciones (1971-1973)*. Barcelona: Magna Music (Mc50142).

Bravo, N. (1995). *50 aniversario*. Madrid: Polydor (519071-2).

Classical Masterworks in Digital. *Entdeckungsreise in die klassische Musik*. Meerbursch (Germany): AmCo (Made in Austria: Selected Sound Carrier AG) (CD.506/7.2175-2).

Cobos, L. (1994). *Oscars*. Londres y Hollywood: Sony Music Entert (Spain) (478 180 2).

Consorcio, El (1994). *Lo que nunca muere*. Madrid: Hispavox, S. A. (8296492).

Mecano (1988). *Descanso dominical*. Madrid: Ariola Eurodics (9Q 259192).

Rabal, T. (1987). *Grandes éxitos*. Madrid: Fonomusic (M-29740-1987).

Sabandeños, Los (1996). *Mar*. París: Manzana Producciones Discográficas (Snicd-125).

Sabina, J. (1992). *Física y química*. Madrid: BMG. Ariola S. A. (262863-9Z).

Vitale, L. (1993). *La historia reciente. (2CD)* Madrid: Ciclo 3 y GASA (450993377-2).

TÍTULOS PUBLICADOS

SECCIÓN: TRATAMIENTO

AGRESIVIDAD INFANTIL, *I. Serrano* (5.ª ed.).

ALCOHOLISMO JUVENIL, *R. Secades* (4.ª ed.).

ANOREXIA Y BULIMIA: TRASTORNOS ALIMENTA-RIOS, *R. M.ª Raich* (7.ª ed.).

APRENDER A ESTUDIAR, *C. Fernández* (6.ª ed.).

ASMA BRONQUIAL, *C. Botella y M.ª C. Benedito.*

CONDUCTA ANTISOCIAL, *A. E. Kazdin y G. Buela-Casal* (7.ª ed.).

CONDUCTAS AGRESIVAS EN LA EDAD ESCOLAR, *F. Cerezo* (coord.) (5.ª ed.).

DÉFICIT DE AUTOESTIMA, *M.ª P. Bermúdez* (4.ª ed.).

DIABETES INFANTIL, *M. Beléndez, M.ª C. Ros y R. M.ª Bermejo.*

DISLEXIA, DISORTOGRAFÍA Y DISGRAFÍA, *M.ª R. Rivas y P. Fernández* (9.ª ed.).

EL DESARROLLO PSICOMOTOR Y SUS ALTERACIO-NES, *P. Cobos Álvarez* (6.ª ed.).

EL JUEGO PATOLÓGICO, *R. Secades y A. Villa.*

EL NIÑO CELOSO, *J. M. Ortigosa* (3.ª ed.).

EL NIÑO CON MIEDO A HABLAR, *J. Olivares* (5.ª ed.).

EL NIÑO DESOBEDIENTE, *C. Larroy y M.ª L. de la Puente* (8.ª ed.).

EL NIÑO HOSPITALIZADO, *M.ª P. Palomo* (2.ª ed.).

EL NIÑO IMPULSIVO. Estrategias de evaluación, tratamiento y prevención, *G. Buela-Casal, H. Carretero-Dios y M. de los Santos-Roig.*

EL NIÑO QUE NO SONRÍE, *F. X. Méndez* (3.ª ed.).

ENCOPRESIS, *C. Bragado* (2.ª ed.).

FOBIA SOCIAL EN LA ADOLESCENCIA. El miedo a relacionarse y a actuar ante los demás, *J. Oli-vares Rodríguez, A. I. Rosa Alcázar y L. J. García-López.*

HIPERACTIVIDAD, *I. Moreno* (7.ª ed.).

IMAGEN CORPORAL, *R. M.ª Raich* (2.ª ed.).

LA TARTAMUDEZ, *J. Santacreu y M.ª X. Froján* (6.ª ed.).

LA TIMIDEZ EN LA INFANCIA Y EN LA ADOLESCEN-CIA, *M.ª I. Monjas Casares* (2.ª ed.).

LA VIOLENCIA EN LAS AULAS, *F. Cerezo* (3.ª ed.).

LAS DROGAS: CONOCER Y EDUCAR PARA PREVE-NIR, *D. Macià* (7.ª ed.).

LOS TICS Y SUS TRASTORNOS, *A. Bados* (3.ª ed.).

LOS TRASTORNOS DEL SUEÑO, *G. Buela-Casal y J. C. Sierra* (4.ª ed.).

MALTRATO A LOS NIÑOS EN LA FAMILIA, *M.ª I. Arruabarrena y J. de Paúl* (7.ª ed.).

MIEDOS Y TEMORES EN LA INFANCIA, *F. X. Méndez* (3.ª ed.).

ORDENADORES Y NIÑOS, *S. Gismera Neuberger.*

PADRES E HIJOS, *M. Herbert* (2.ª ed.).

PREVENIR EL SIDA, *J. P. Espada y M.ª J. Quiles.*

PROBLEMAS COTIDIANOS DE CONDUCTA EN LA INFANCIA, *D. Macià.*

PROBLEMAS DE ALIMENTACIÓN EN EL NIÑO, *A. Gavino* (4.ª ed.).

PROBLEMAS DE ATENCIÓN EN EL NIÑO, *C. López y J. García* (5.ª ed.).

RELACIÓN DE PAREJA EN JÓVENES Y EMBARAZOS NO DESEADOS, *J. Cáceres y V. Escudero* (3.ª ed.).

RETRASO MENTAL, *M. A. Verdugo y B. G. Bermejo* (4.ª ed.).

RIESGO Y PREVENCIÓN DE LA ANOREXIA Y LA BULI-MIA, *M. Cervera.*

TABACO Y SALUD, *E. Becoña, A. Palomares y M.ª P. García* (3.ª ed.).

TRASTORNOS DE ANSIEDAD EN LA INFANCIA, *E. Echeburúa* (6.ª ed.).

SECCIÓN: DESARROLLO

ABUELOS Y NIETOS, *C. Rico, E. Serra y P. Viguer.*

COMPETENCIA SOCIAL: SU EDUCACIÓN Y TRATA-MIENTO, *M.ª V. Trianes, A. M.ª Muñoz y M. Jiménez* (3.ª ed.).

DESARROLLO DE HABILIDADES EN NIÑOS PEQUE-ÑOS, *F. Secadas, S. Sánchez y J. M.ª Román* (4.ª ed.).

DESCUBRIR LA CREATIVIDAD, *F. Menchén* (3.ª ed.).

EDUCACIÓN FAMILIAR Y AUTOCONCEPTO EN NIÑOS PEQUEÑOS, *J. Alonso y J. M.ª Román.*

EDUCACIÓN PARA LA SALUD, *M. Costa y E. López* (3.ª ed.).

EDUCACIÓN SEXUAL, *P. Moreno y E. López Navarro* (2.ª ed.).

EJERCICIO FÍSICO SALUDABLE EN LA INFANCIA, *A. Gómez y F. X. Méndez.*

EL ADOLESCENTE Y SUS RETOS, *G. Castillo* (3.ª ed.).

EMOCIONES INFANTILES, *M.ª V. del Barrio.*

ENSEÑAR A LEER, *M.ª Clemente Linuesa.*

ENSEÑAR A PENSAR EN LA ESCUELA, *J. Gallego Codes* (3.ª ed.).

ENSEÑAR CON ESTRATEGIAS, *J. Gallego Codes.*

ESCUELA DE PADRES, *J. A. Carrobles y J. Pérez-Pareja* (5.ª ed.).

LA CREATIVIDAD EN EL CONTEXTO ESCOLAR. Estrategias para favorecerla, *M.ª D. Prieto, O. López y C. Ferrándiz.*

LAS INTELIGENCIAS MÚLTIPLES, *M.ª D. Prieto y P. Ballester.*

LIBERTAD Y RESPONSABILIDAD EN EL TIEMPO LIBRE, *J. L. Lobo Bustamante y F. Menchén Bellón.*

MANUAL PARA PADRES DESESPERADOS... CON HIJOS ADOLESCENTES, *J. M. Fernández Millán y G. Buela-Casal* (2.ª ed.).

MEJORAR LA COMUNICACIÓN EN NIÑOS Y ADOLES-CENTES, *A. López Valero y E. Encabo Fernández.*

NIÑOS INTELIGENTES Y FELICES, *L. Perdomo* (2.ª ed.).

NIÑOS SUPERDOTADOS, *A. Acereda Extremiana* (3.ª ed.).

OBSERVAR, CONOCER Y ACTUAR, *M. Gardini y C. Mas.*

TÉCNICAS DE TRABAJO EN GRUPO, *P. Fuentes, A. Ayala, J. I. Galán y P. Martínez* (4.ª ed.).

TÉCNICAS DE TRABAJO INDIVIDUAL Y DE GRUPO EN EL AULA, *P. Fuentes, J. I. Galán, J. F. de Arce y A. Ayala* (5.ª ed.).

TODO UN MUNDO DE SENSACIONES, *E. Fodor, M.ª C. García-Castellón y M. Morán* (6.ª ed.).

TODO UN MUNDO DE SORPRESAS, *E. Fodor, M. Morán y A. Moleres.*

TODO UN MUNDO POR DESCUBRIR, *E. Fodor M. Morán* (3.ª ed.).

UN ADOLESCENTE EN MI VIDA, *D. Macià* (2.ª ed.).